LOGICAL MEMO

Muramoto Atsunobu

アスコム

まえがき

どれほど忙しくても、やるべきことがパッと整理され、スパッと実行に移せる、最強のメモ術

みなさん、はじめまして。ライター・エディターの村本篤信です。

この本では、仕事を最速で終わらせ、あなたの人生を豊かにしてくれるメモ術についてお話しします。

ビジネスにおいて、「考えること」が必要となる場面はたくさんあります。

みなさんも、新しい商品・サービスの企画・開発、売上げを伸ばす方法、業務効率化の手段、部下や外部スタッフへの仕事の割り振りなどを考えなければならないこと、そもそも「自分が何をやるべきか」を考えなければならないことが、しばしばあるのではないでしょうか。

しかし、考えることが苦手だという人、考える時間がないという人は、少なくありません。

考えるための材料（情報）がうまく整理できず、何から考えたらいいかわからなかったり、自分では考えたつもりなのに、「何も考えていない」「思いつきを並べただけ」と言われたり、考えることが苦手なばかりに、やらなくていいムダな作業をたくさんしてしまったり。

あるいは、「ゆっくりと考える時間がとりたいのに、日々忙しすぎて、考えなきゃいけないことがどんどんたまっていく」という人もいるでしょう。

この本は、そうした「考える」ことに対するお悩みへの、一つの解決策を記したものです。

その解決策とは、みなさんがふだん、当たり前に書いているメモを効果的に活用す

ることで、

どれほど忙しくても、
やるべきことがパッと整理され、
スパッと実行に移せる

というものです。
そして、このメモ術を、私は「ロジカルメモ」と呼んでいます。

私は、考えることが苦手だった

思考のプロでもない私が、なぜこのような本を書くに至ったか。

それは、メモを活用することのメリットを知り、「考えること」に悩んでいるできるだけ多くの方に、そのやり方をお伝えしたいと思ったからです。

ここで、私がどういう人間なのか、簡単に自己紹介しておきましょう。

私はライター・エディターを本業としており、横山光昭さんの『3000円投資生活』シリーズや、小澤竹俊さんの『今日が人生最後の日だと思って生きなさい』シリーズ（いずれもアスコム刊）など、これまでに関わった本の発行部数は、累計250万部に達しています。

幼い頃から本が好きで、「いつか文章を書く仕事をするんだろうな」と漠然と思っていたのですが、大学卒業後、某印刷会社で8年ほど働いてから、独立しフリーランスとなりました。

一方で、私は映像やサウンドドラマ、舞台（ミュージカル）の脚本なども書いており、また四半世紀ほど前から、「エスムラルダ」という名で、ドラァグクイーン（派手なメイクをし派手な衣装を身につけ、クラブイベントなどに出演する女装パフォーマー）として活動しています。

最近は、及川眠子さん（『残酷な天使のテーゼ』などの作詞家）、中崎英也さん（『あなたのキスを数えましょう』などの作曲家）のプロデュースにより、「八方不美人」というユニットを組んで、歌手活動も行っています。

実は、私は考えることが苦手でした。

過去の経験から学んだり応用したりすること、ある程度道筋ができているものを整えることなどはできるのですが、「新たに何かを考え出すこと」「いろいろな可能性が考えられる中で、いずれかの選択肢を選ぶこと」は、あまり得意ではなかったのです。

また、今まで考えたことのない課題に直面したとき、「何からどう考えればいいんだろう」と、脳がフリーズしてしまうこともしばしばありました。

しかし、こうしたことが苦手だと、仕事の効率は非常に悪くなります。

原稿や物語、ショーの内容を考えるとき、「ああいう構成もありだしこういう構成もありだし……」などと漠然と考えることに時間をとられてしまったり、見切り発車で書き始めて、後で大量にやり直しが生じてしまったり、企画やアイデアなどを出さなければならないとき、同じようなこと、ありきたりのことしか思いつかなかったり。どう考えたらいいのか、何が正解なのかわからず、結論を先送りにしてしまったこともたくさんあります。

できる人は、メモを最大限に活用している

私はこれまでに、たくさんの人に会い、話を聞いてきましたが、老若男女セクシュアリティ国籍等を問わず、「この人はできる」「この人は頼りになる」と感じたのは、一人残らず「思考や決断のスピードが速い人」でした。

彼らはみな、私が何時間も、ときには何週間もかかって考え、ようやく出した結論らしきものに、一瞬でたどりついてしまうのです。

また、ふだんからよく物事を考えている人は、成長のスピードも違います。

情報収集や取捨選択、意思決定、計画立案、実行をムダなく素早く的確にできるた

め、私が一歩進んでいる間に、十歩も百歩も先へ進んでしまうのです。

「行き当たりばったりだからこそ人生は面白い」「ムダの中から生まれるものもある」「人にはそれぞれに合ったペースがある」などと自分を甘やかしながらも、私はずっと「もっと自分に考える力があればなあ」「もっといろいろなことを効率的にスピーティーにできればなあ」と思っていました。

では、「考える力」はどうしたら手に入れることができるのか。

私なりに、さまざまなビジネス本を読んだり、長年のつきあいのある編集者や優秀な友人たちからさまざまな話を聞いたりする中で、気づいたことがありました。

それは、

●メモには、無限の可能性がある。

●できる人は、メモをうまく活用している。

ということでした。

私は昔からメモ魔で、思いついたことややるべきことはすぐにメモし、会議でも打ち合わせでも取材でも、ICレコーダーを回しながら、かなりの量のメモをとります。

ただ、こうした「情報を羅列しただけのメモ」は、そのままでは備忘録以上のものにはなっていませんでした。

また、メモの量が多すぎて、あるいは整理されていなくて、必要なときにすぐに探し出せなかったり、メモをとったことで安心して、大事な情報が全然頭に入っていなかったり、といったこともしばしばありました。

ところが、思考や決断のスピードが速い人は、メモを、情報を書きとめるだけでなく、スピーディーに考え、決断を下すための道具としてうまく活用しているのです。

そこで私は、メモの使い方を変えてみることにしました。

打ち合わせや取材の際は、今までどおり、ふつうにメモをとりますが、その後で、必ずメモを整理し直すようにしたのです。
効果は抜群でした。

自分の言葉で情報をまとめる。
たったそれだけで、重要な情報が自分のものになり、忘れにくくなり、次に考えるべきこと、やるべきことが明確になったのです。

さらに、メモを活用することで、思いつきをアイデアに深められること、ビジネスやプライベート、そして人生の、さまざまな課題を解決できることもわかりました。

メモの可能性に気づき、メモの力を十二分に活かせば、「何から考えればいいかわからない」という悩みからも、「考えることがたまっていく」というプレッシャーからも解放されます。

考える時間やムダな作業が減るため、仕事を片づけるスピードが飛躍的にアップするでしょう。

その結果、より満足のいく人生を歩むことができるようになり、自分自身のことをもっと好きになれるでしょう。

この本が、ロジカルメモが、みなさんのビジネスの役に立ち、生活や人生を豊かにする一助となれば幸いです。

想像以上の結果をだし、
未来を変えるメモの取り方

ロジカルメモ

―― 目次 ――

第2章

メモでアイデアをつくる

知的生産 意思決定 問題解決力

第3章

メモで仮説をつくる

企画力 ヒットの法則 自己分析

第4章

メモで結果を引き寄せる

仕事 やりたいこと 夢

第5章
メモで未来を変える
コミュニケーション 自己肯定感 希望

ロジカル
メモ

メモを
最強のアウトプット
ツールに

第1章

生産性が低い「ただのメモ」をアイデアの泉に

「考えるのが苦手」な人はいませんか？

みなさんの中に、「考えるのが苦手」「考えなきゃいけないことがいろいろあるのに、考える時間がない」という人はいませんか？

「考える」と一言で言っても、そこにはさまざまな意味が含まれます。計算ドリルやクイズなど、明確な答えがある問題を解くことも「考える」といいますが、ここで話題にしたいのは、答えのない問いについて考えることです。

社会人なら、

「新しい商品やサービスのアイデアを考えて」
「売上げを伸ばす方法を考えて」
「業務を効率化する方法を考えて」

と、経営者や上司から指示されることがよくあるでしょう。
あるいは、誰にどう仕事を割り振るか、どう仕事を依頼するかを考えなければいけないこともあるでしょう。

学生ならレポート・論文の中身や進路について、専業主婦なら食事の献立や家計のやりくりについて考えるでしょうし、「今の仕事を続けるか、転職するか」など、人生の選択を迫られている人、恋人やパートナーから「二人の将来について考えましょう」と言われている人、サークルの運営や人間関係に悩んでいる人もいるでしょう。

ただ、このような問題について考えるのが得意な人、すぐに答えが出せる人ばかりではありません。

みなさんの中にも、おそらく「考え方がわからない」「考えるのが面倒くさい」という人、「情報を整理できず、考えるのに時間がかかる」という人、自分なりに考えているつもりなのに、よく「何も考えていない」と言われてしまう人がいるでしょう。あるいは「落ち着いて考えたいのに、忙しくて、なかなか考える時間がとれない」という人もいるかもしれません。

メモには、無限の可能性が秘められている

こうした悩みはどうすれば解決できるのか。

その一つの答えとなるのが、これからご紹介する、最強のメモ術です。

私たちはふだん、たくさんのメモを書いています。

ＴＯＤＯリスト、家族や友人との約束、買い物リスト、本やネットで知ったこと。ビジネスなら、会議や打ち合わせの内容、取材などで得た情報、上司からの指示、同僚への申し送り事項。

さまざまな種類のメモがありますが、この世のメモの多くは、残念ながら、単なる備忘録や伝達手段としての役割しか果たせていません。

また、あまりにも情報量が少なくて、あるいは情報が多すぎて、何についてのメモなのか思い出せなかったり、必要なときに必要な情報が探し出せなかったり、大事なことが書いてあったメモを誤って捨ててしまったり、ということもあるでしょう。

もちろん、買い物リストのように「忘れないこと」または「機械的に伝えること」だけを目的としたメモなら、その役割さえ果たせればいいでしょう。

でも、打ち合わせや取材のメモ、何かのヒントになるかもしれない情報がたくさん詰まったメモを、生産性が低い「ただのメモ」のままにしておくのは、非常にもったいないことです。

そうしたメモには、本当は、仕事のやり方を、生活を、人生を変えてしまうほどの、無限の可能性が秘められています。

ぜひ、その能力を、あなたの手で引き出してあげてください。

そうすれば、「ただのメモ」が「第二の脳」「アイデアの泉」に変わり、あなたの「考える」をラクにしてくれるはずです。

ロジカルメモの3つのステップで、「思考のコンパス」をつくる

では、さっそく、その方法をお伝えしましょう。

まず、用意していただきたいのは、以下の3つです。

●ノート
ご自身にとって使いやすい大きさのものでOKです。

●筆記用具

何でもOKですが、簡単に消せるもののほうがいいでしょう。
私は、フリクションのボールペンを愛用しています。

●小さめのふせん
縦1・5センチ×横5センチ程度のものがいいでしょう。

そして、用意したノートに、会議や打ち合わせ、取材などの内容や、本やネット、テレビなどから得た情報をメモしたら、それを元に、以下のようなステップを経て、「思考のコンパス」をつくります。

STEP1　ふつうにメモを書く
STEP2　自分の言葉で言いかえる
STEP3　ふせんに「思考のコンパス」をつくる

あとで詳しくお話ししますが、最終的に「思考のコンパス」をつくることで、「やるべきことがパッと整理され、スパッと実行に移せる」ようになるのです。

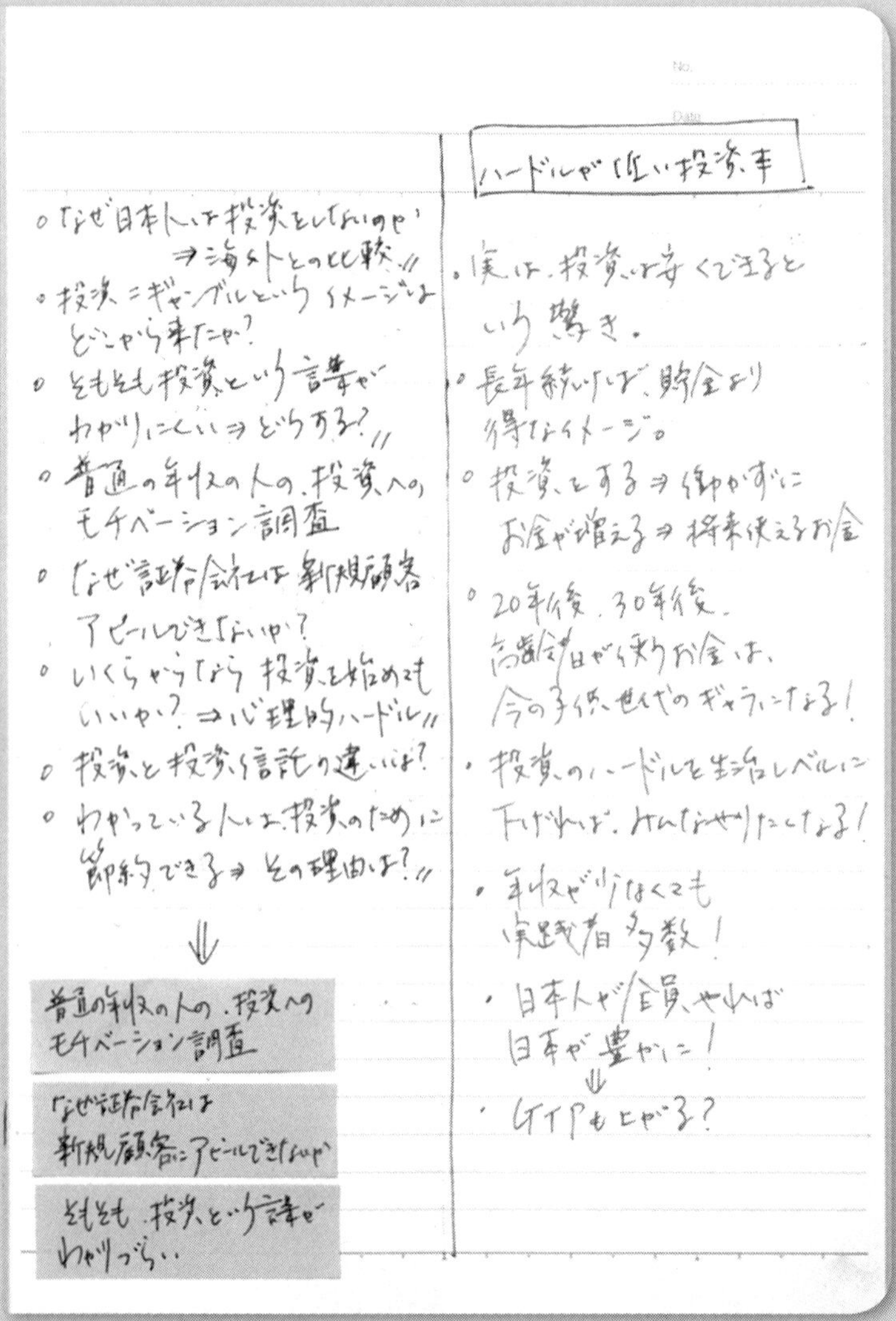
ハードルが低い投資本
・なぜ日本人は投資をしないのか
⇒海外との比較//
・投資＝ギャンブルというイメージは
どこから来たか？
・そもそも投資という言葉が
わかりにくい⇒どうする？//
・普通の年収の人の、投資への
モチベーション調査
・なぜ証券会社は新規顧客
アピールできないか？
・いくらからなら投資を始めても
いいか？⇒心理的ハードル//
・投資と投資信託の違いは？
・わかっている人は、投資のために
節約できる⇒その理由は？//
⇓
普通の年収の人の、投資への
モチベーション調査
なぜ証券会社は
新規顧客にアピールできないか
そもそも、投資という言葉が
わかりづらい
・実は、投資は安くできるという驚き。
・長年続ければ、貯金より得なイメージ。
・投資をする⇒働かずに
お金が増える⇒将来使えるお金
・20年後、30年後、
高齢者が使うお金は、
今の子供世代のギャラになる！
・投資のハードルを生活レベルに
下げれば、みんなやりたくなる！
・年収が少なくても
実践者多数！
・日本人が全員やれば
日本が豊かに！
⇓
・GDPも上がる？

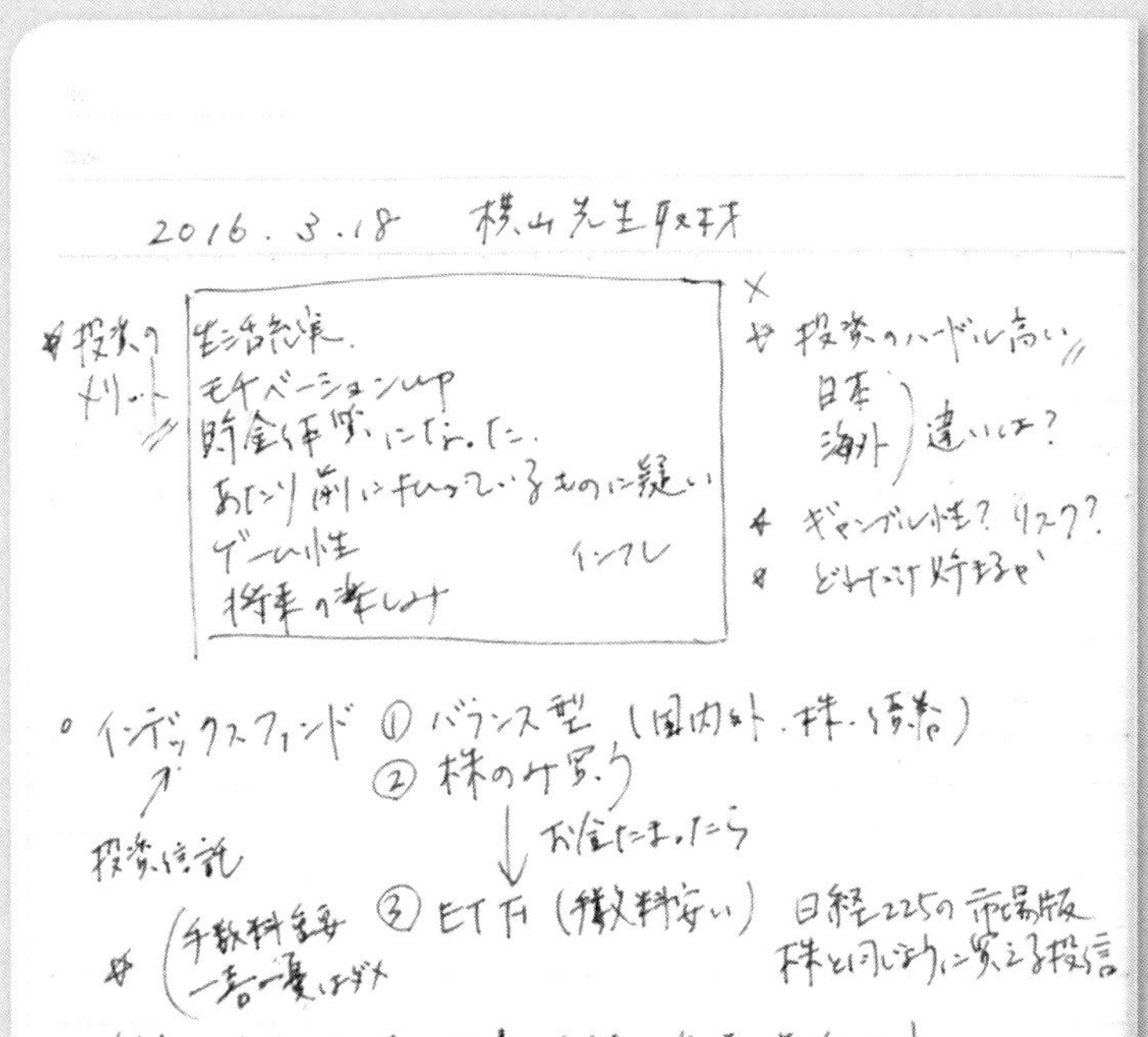
2016.3.18 横山先生取材
＊投資のメリット
生活改善。
モチベーションUP
貯金体質になった。
あたり前に払っているものに疑い
ゲーム性
インフレ
将来の楽しみ
＊投資のハードル高い
日本
海外
違いは？
＊ギャンブル性？ リスク？
＊どれだけ貯まるか
インデックスファンド
投資信託
①バランス型（国内外・株・債券）
②株の分買う
お金たまったら
③ETF（手数料安い）
日経225の市場版
株と同じように買える投信
＊手数料重要
一喜一憂はダメ
例：36才と34才の夫婦（神奈川在住、共働き）
子供できて一念発起
貯金なし 借金あり（キャッシング30万、リボ40万）
半年後出産 育休とらず 収入減
生活見直し。借金返済＋1万に。
ボーナスが丸々残るようになった。
インデックスファンド3000円～
3年内で450万つくる
月3～4万ためられるように
投資のためなら節約できる

メモで思考を広げる

ふつうのメモこそ、幅広い情報が大量に含まれた、アイデアの泉

STEP1は、「ふつうにメモを書く」パートです。

「ふつうにメモを書くだけ？」と思うかもしれませんが、そのとおり。会議や打ち合わせ、取材の席などで、あるいは本やネットなどで気になる情報、役に立ちそうな情報を見つけたとき、いつものように、ふつうにメモを書くだけです。

しかし、**ふつうのメモこそ、アイデアの泉**であり、そこには無限の可能性があるのです。

そもそも、人はどんなときに、なんのためにメモを書くのでしょう?
メモを書くことにはどんな効果があるでしょう?
思いつくままに挙げていきましょう。

●聞いた話や、得た情報の内容を後で思い出すため
●教わったことや大事なことを覚えておくため
●自分が思いついたことを忘れないため、整理するため
●伝達事項を間違いなく受け取るため
●自分が得た情報を、誰かに伝えるため
……

パッと思いつくだけでも、メモにはこれだけの役割と効果があります。

つまり、ふつうのメモには、幅広い情報が大量に含まれているのです。

だからこそ、ふつうのメモを最大限に活かすことができれば、どんなことでも考えられるわけです。


しかもそれらは、文字として紙に残されています。

頭の中だけに記憶された情報と違って、時間がたつにつれて薄れたり、変容したりすることもありません。


いつでも何度でも、この「ふつうのメモ」という原点に立ち返ったり、検証したりすることができるのです。

ロジカルメモで、情報の羅列をアイデアに変える

さて、ロジカルメモでは、ノートを見開き単位で使い、

●ノートの左ページを「ふつうのメモゾーン」
●ノートの右ページを「文章化ゾーン」

とします。ですから、

ふつうのメモは、左ページに書いていってください。

あなたにとって書きやすい形でかまいません。

ここで書いたメモたちは、放っておけば、ただの情報の羅列になってしまいますが、ステップ2、ステップ3を経ることで、具体的でわかりやすいTODOリスト、素晴らしいアイデアや企画、問題を解決する糸口などに変わっていきます。

ふつうのメモは、あなたが「思考を深める」ための、アイデアの源泉なのです。

細かく書き込む必要はありませんが、後でできるだけ多くの発見やヒントが得られるよう、思考を広げるつもりで、得た情報や気づいたことはどんどんメモしていきましょう。

ゴールを設定し、何を考えるのか、何をやるべきかを明確にする

なお、メモを書く際には、「ゴール」を設定しましょう。

具体的な例があったほうがわかりやすいでしょうから、26、27ページの写真をご覧ください。

このメモは、『3000円投資生活』シリーズの著者、横山光昭先生への取材時に作成したものですが、右ページの上に書いた、

「ハードルが低い投資本」

が、ゴールに該当します。

ゴールを設定し、メモをつくると、

●何を考えるのかが明確になる。

●打ち合わせ後にやるべきことが明確になる。

といったメリットがあります。

カンタンなものでかまいませんから、必ず設定するようにしてください。

メモで思考を深める

メモの内容を、自分の言葉で言いかえよう

ＳＴＥＰ２は、「自分の言葉で言いかえる」パートです。

ＳＴＥＰ２では、右ページの「文章化ゾーン」を２つに分けて使います。

まずは、ふつうのメモゾーンの内容を自分の言葉で言いかえ、文章化ゾーンの左側の欄に書き込んでいきましょう。

この欄には、いくつもの短い文章が並ぶことになります。

「自分の言葉で言いかえるって、どういうこと？」と思われるかもしれませんが、難しく考えなくてＯＫ。

以下のような要領でやってみましょう。

●聞いた話、得た情報を整理して書く。
●「要するにどういうことだろう」と自分に問いかけ、答えを書く。
●自分なりに重要だと思った点を書く。
●わからない点があった場合は、どこがわからないかを書く。
●追加で調べたい点を書く。
●聞いた言葉を、そのまま書いてもいい（完全に納得できていれば）。
●別々に書いた言葉をつなげて、一つの言葉にしてみる。

もう一度、26ページの写真を見てみましょう。

文章化ゾーンの左側の欄に、

「なぜ日本人は投資をしないのか?↓海外との比較」

「投資＝ギャンブルというイメージはどこから来たか?」

「そもそも投資という言葉がわかりにくい↓どうする?」


と書いているのは、いずれも、取材の中でうかがった、

「海外（欧米）に比べ、日本の投資人口の割合が少ない」

「投資に対し、『ギャンブル性が高い』『リスクが大きい』というイメージを持ち、ハードルの高さを感じている人が多い」


というお話を元に、自分なりに疑問点や調べるべき点を考えた結果です。

また、

「わかっている人は、投資のために節約できる➡その理由は?」

と書いているのは、

「投資を始めてから、節約が楽しくなり、月3〜4万円貯められるようになった」

というご夫婦の事例を元に導き出した、私なりの結論と、新たな疑問です。

このように、文章化ゾーンの左側の欄には、ふつうのメモゾーンの情報を元に、

- **重要そうなもの、気になるものを選ぶ。**
- **ポイントをまとめる。**
- **疑問をぶつけ、掘り下げる。**

といった作業を行い、書いていきます。

新たに気づいたこと、感動したことなどを、自分の言葉で書いていこう

続いて、文章化ゾーンの右側の欄。
ここには、新たに気づいたこと、感動したことなどを書いていきます。

もう一度、26ページの写真を見てください。
文章化ゾーンの右側の欄を見ると、

「実は、投資は安くできるという驚き」
「投資のハードルを生活レベルに下げれば、みんなやりたくなる！」

といったことが書いてあります。
これらはいずれも、取材で聞いたことをまとめたり掘り下げたりする中で知ったこ

と、私自身が思ったことです。

何も、特別なことを書く必要はありません。
今まで知らなかったこと、ハッとしたこと、誰かに伝えたいと思ったこと、世の中の役に立つと感じたことなどを、素直に自分の言葉で書いてみてください。

自分の言葉で書くことこそが、思考を深めること

ふつうのメモを自分の言葉で言いかえること。
新たに気づいたこと、感動したことなどを、自分の言葉でメモすること。

この、文章化ゾーンでの作業には、どんな意味があるんだろう?
そう思った人もいるかもしれませんね。

では、お答えしましょう。

これらは、「あなたの世界を広げる」作業です。
同時に、これらは「思考を深める」作業でもあります。

今まで、「考えるのが苦手」だと思っていた人も、ふつうのメモを自分の言葉で言いかえただけで、知らず知らずのうちに、思考を深めてしまっているのです!

では、なぜ文章化ゾーンの作業で、自分の世界が広がり、思考が深まるのか?

その理由は2つあります。

自分の言葉でとらえると、物事が「自分ごと」になる

理由の一つめは、自分の言葉で言いかえることで、仕事や「考えなければいけないこと」、入ってきた情報など、あらゆることが「自分ごと」になるからです。

私たちはふだん、言葉で物事をとらえ、自分のものにしています。

他人の言葉で聞いたことは、一応は耳から入ってきて、脳で情報として処理されますが、自分の言葉に変換しなかった他人の言葉は、本当の意味で自分の世界に入ってくることはなく、いつか記憶から消え去ります。

ところが、他人の言葉で聞いたこと、得た情報を自分の言葉にすると、それまで他人ごとだった情報の羅列が、きらめきをもって自分の世界へ入ってきます。

それまでどれほど興味のなかった話でも、自分の言葉にしたとたん、「あれ？　自分にも関係があるな」と思えてくるのです。

すると、どんな仕事、どんな情報にも興味がわき、楽しくなってきます。

これが、「自分ごとになる」ということです。

次項で詳しくお話しするように、自分ごとになると、人は無意識のうちに、その物事に関する情報を集めたり、真剣に考えたりするようになります。

また、自分ごとになると、モチベーションが上がり、記憶力、企画力、行動力なども飛躍的にアップします。

逆に、他人ごとだと考えているうちは、人がその物事に対して発揮できる能力は半減します。

そして、アイデアというものも、必ず、

他人ごと（打ち合わせや取材の内容、本やネットから得た情報など）

↓

自分ごと（自分で言いかえた言葉）

↓

アイデア

この順番で生まれます。

他人ごと
↓
アイデア

と一足飛びで生まれることは、ほとんどありません。

つまり、メモで、他人の言葉を自分の言葉にするだけで、

●他人ごとが自分ごとになり、自分の世界が広がる。
●思考が深まり、アイデアや企画が生まれやすくなり、TODOが明確になる。

といった状態をつくることができるのです。

思いを自分の言葉でメモすることで、自分の主観を把握できる

さて、文章化ゾーンの作業で、自分の世界が広がり、思考が深まる理由の二つめは、新たに気づいたこと、感動したことなどを、自分の言葉でメモすることで、「主観を把握する」ことができるからです。

ビジネスにおいて、あらゆるアイデアや思考の出発点は、

「自分がどう感じたか」
「自分がどう思ったか」

にあります。

こうした「主観」なしに、アイデアを生むことも思考を深めることもできません。

しかし、頭の中で思っているだけでは、主観は「もやもやした感情」のままで、なかなか形をなしません。

感情を言語化し、文字としてメモに書くことで、私たちは、初めて自分の主観を客観視できるようになり、具体化させることができます。

そして、主観を客観視すると、それまではっきりしていなかった問題が明らかになり、アイデアのヒントが見つかり、自分がどんな意思決定をしたいかも明確になります。

自分の意見（主観）を持てない問題や事象に対して、当然のことながら、人は意思決定できません。

すべての事象を自分に引き寄せ、自分自身で決定するためには、主観を自分の言葉にすることがなによりも大切なのです。

会議中に「どう思いますか？」と訊かれたら

会議や打ち合わせで聞いたことを、自分の言葉で言いかえること。
会議や打ち合わせの最中に「どう思いますか？」「どんなアイデアがありますか？」と訊かれて答えること。

いずれも、自分の考えを言葉にするという点では同じです。

ただ、相手の話を聞き、メモをとっているだけの状態のときは、「自分の頭を使っていない」ので、急に質問されるとうろたえます。

「いや、そんなところまで考えてないよ」とか「相手の意見を聞くのに精いっぱいなんだけど」とか、あるいは「今、急に訊かれても困る。後でゆっくり考えさせてほしい」などと思ってしまいますよね。

初めのうちは、自分の考えを言葉にすることに時間がかかります。

私も、以前はそうでした。

しかし、ロジカルメモのステップ2を繰り返していると、思考の速度が上がり、急に意見を求められても返せるようになります。


メモとの対話であれば、「早く答えなければ」というプレッシャーを感じることもありません。

じっくり時間をとって自分自身と向き合い、自分の言葉で考えを表現する訓練をしてみてください。

それが、ロジカルメモで思考を深め、アイデアを生み、仕事を最速で終わらせられる人になる、最初の一歩なのです。

ロジカルメモで「自分ごと」にすると、どんな仕事も楽しくなる

自分ごとになって初めて、人は興味を持ち、真剣に考え、行動する

ここでは、前項で少しお話しした、物事を「自分ごと」にする意味について、もう少し掘り下げてみたいと思います。

「自分ごと」「他人ごと」という言葉、最近、よく耳にしますよね。

自分ごととは「自分に関係があると思うこと、関心があること」、他人ごととは「自分に関係がないと思うこと、関心がないこと」ですが、自分ごとになると、人は

無意識のうちに、その物事に関する情報を集めたり、考えたりするようになります。
たとえば、「動物を飼いたい」と思ったとたん、街なかの動物がやたら目に入ってくるようになったとか、ギターを始めたとたん、今まで気づかなかった近所のギター教室の看板に気づいた、といったことは、おそらく誰にでもあるでしょう。

また、自分ごとになると、モチベーションが上がり、記憶力、企画力、行動力なども飛躍的にアップします。

脳科学者の中野信子さんは、子どもの頃、歴史の教科書は、歴史の登場人物になった気持ちで読み、化学の教科書は、分子の気持ちで読んでいたそうです。
中野さんは自然とそのようにしていたとのことですが、脳科学的にも、教科書をただ暗記するより、自分ごととして覚えたほうが、長く定着しやすいようです。

私も、なんとなく本やネットで得た情報は、忘れてしまいやすいのですが、本をつくる過程で学んだことは、ずっと記憶に残っています。
繰り返しその情報を入れたせいもあるかもしれませんが、自分ごととしてそうした情報に接したから、というのも大きいのでしょう。

何らかの政治活動に身を投じている人や、裁判を起こした人の話を見聞きすると、「自分や身近な人が当事者になるまでは、その問題に対して、まったく興味がなかった」というケースが少なくありません。

年齢を重ね、体のあちこちが弱ってきて初めて、健康に関する情報に敏感になったり、バリアフリーの大事さに気づいたりする人も、おそらくたくさんいるでしょう。

いずれにせよ、自分ごとになって初めて、人はその物事に対して興味を持ち、真剣に考え、行動するようになるのです。

他人ごとだと思っているうちは、人は能力を発揮できない！

逆に、他人ごとだと考えているうちは、人が発揮できる能力は半減します。

かつての私がそうでした。

私は大学卒業後、8年ほど会社勤めをしていました。

とてもいい職場で、同僚のみなさんは優しく、仕事の内容も十分に面白く、やりがいのあるものだったのですが、未熟だった私の心のどこかに、「仕事＝やらされていること」という気持ちがあり、仕事を振られると「忙しくなるのは嫌だなあ」と思ったり、業務効率化のためのミーティングなどがあると「なんでこんなことをやらせるんだろう」などと思ったりしていました。

仕事を、完全に他人ごとだととらえていたのです。

もちろん、教えられたとおりに制作物をつくり、忙しいときには、連日朝から深夜まで働いていましたが、「作業はしていたけれど、クリエイティビティはまったく発揮できていなかった」「もっとできることがあったのではないか」という思いが、いまだにあります。

決して「手を抜こう」「楽をしたい」と思っていたわけではなく、自分としては真剣に働いていたつもりなのですが、「自分ごとになっていなかった」ために、脳や体が、無意識のうちに力をセーブしていた。

そんな気がするのです。

なお、当時の私は、頭の回転が早く、仕事でバリバリと能力を発揮する人たちを「自分とはそもそも違う資質・才能の持ち主であり、自分はあんなふうにはなれない」と思っていました。

でも、今は違います。

もちろん、資質の差もあるかもしれませんが、何よりも彼らは、仕事を自分ごととしてとらえていた。

そこが、私との決定的な差だったのではないかと思うのです。

自分ごとにすることは、ワクワクすることが増えること

他人ごとだと考えているうちは、対岸の家事を眺めているときと同様、「自分がどうにかしなければ」という気持ちにはなかなかなれず、心も体も動きません。

ところが、自分ごとだと考えたとたん、人は、いわゆる「火事場の馬鹿力」みたいなものを発揮できるようになります。

このように書くと、「いつも火事場の馬鹿力を発揮するのって、疲れそうじゃない？」と思う人もいるかもしれませんね。

そして、もしかしたら、私を含め多くの人は、「疲れそう」「面倒くさそう」という無意識の恐れから、物事を自分ごとにすることを避けているのかもしれません。

しかし、それは思い込みです。

自分ごとを増やすことは、楽しみを増やし、日々の生活や人生を充実させることでもあります。

主人公に感情移入し、自分のことのようにハラハラドキドキしながら小説を読むのと、「しょせん作りごと」「しょせん他人ごと」とさめた気持ちで読むのと、どちらのほうがより物語を楽しめるでしょう。

自分がゲームをするのと、他人がゲームをしているのを見ているのと、どちらのほうがよりワクワクするでしょう。

答えは明白ですよね。

たしかに、感情移入して小説を読んだり、自分自身がゲームをしたりするほうが、エネルギーは使うかもしれませんが、「楽しい」という感情が大きければ、疲れを感じなかったり、「疲れたけど、やってよかった」という気持ちになったりするはずです。

逆に、何の感動もなく小説を読み終えた後や、他人がゲームをしているのを延々と眺めた後のほうが、「この時間はなんだったんだろう」と、疲れを感じるのではないでしょうか。

メモを使って、まずは仕事を自分ごとにしてみよう

さて、かつての私のように、仕事に対して、どこか他人ごとという意識がある人、「夢中になれない」「能力を発揮できていない」と感じている人は、たくさんいるので

はないかと思います。

では、どうしたら、仕事を自分ごとだと考えられるようになるのでしょう。

いきなり「よし、今日から、仕事を自分ごとだと考えよう」などと思っても、そう簡単には気持ちは切り替わりませんよね。

そのような人は、ぜひ、ロジカルメモで仕事に関するあらゆる課題や情報を自分ごとにしてみてください。

課題の内容を、それに関する情報を自分の言葉で表現し、思いついたことに疑問をぶつけてさまざまな角度から眺め、より具体化していき、そこから発見したこと、心を動かされたことを、すべてメモに書き込んでみてください。

仕事に対し、他人ごと意識があるうちは、こうしたテーマに対し、深く掘り下げて考えようというモチベーションが、なかなか生まれません。

その結果、かつての私のように、思いつきをそのまま並べてしまったり、他人から借りてきた、ありふれた言葉で答えてしまったりしがちです。

すると、仕事は永遠に自分のものにはなりません。

こうした悪循環を断ち切るためには、まず一度、「仕事の課題に対し、自分の頭で考えた」「自分の言葉でとらえた」という**実感を得ること**が大事です。

一度でも、仕事が自分ごとになるワクワクや喜びを知れば、必ずスイッチが切りかわります。

ロジカルメモで、世界が自分ごとになる

自分ごとになるということは、好きなこと、興味のあることになるということです。

好きな人のことや、熱中している趣味のことなどを、ふとしたときに自然に考えてしまうように、仕事が自分ごとになれば、わざわざ「仕事をしよう」と思わなくても、ふつうに生活しているだけで、自然と仕事について考えるようになります。

仕事が他人ごとであり、「やらされている」という感覚があると、モチベーションは下がり、仕事について考えることに苦痛が伴うでしょう。

しかし、仕事が自分ごとになると、「何でも知りたい」「何でもやってみたい」という気持ちになり、家族や友人との何気ない会話の中にも、仕事のヒントを探したり、見つけたりできるようになります。

24時間、仕事のための「取材者」になるわけです。

仕事が自分ごとになるということは、すぐれた取材者になるということ、取材対象が無限に広がるということでもあります。

そして、仕事を自分ごとにする面白さを知れば、生活や人生、社会のさまざまなものに対する興味が広がり、少しずつ他人ごとが減り、自分ごとが増えていくはずです。

ロジカルメモは、世界を自分ごとにするためにつくるものなのです。

ふせんに「思考のコンパス」をつくる

最も重要なことを思考のコンパスに

少し回り道をしてしまいましたが、話を元に戻し、ロジカルメモの最終ステップについてお伝えしましょう。

STEP3は、「ふせんに『思考のコンパス』をつくる」パートです。

STEP2で、ふつうのメモの内容を自分の言葉に言いかえましたが、その中から

1つか2つ、特に大事だと感じたことを、ふせんに書きます。

このふせんを、私は「思考のコンパス」と呼んでいます。

そして、思考のコンパスこそが、ロジカルメモの究極のポイントです。

なぜなら、思考のコンパスには、1～2時間の会議や打ち合わせなどで聞いた話、得た情報のうち、何があなたにとって最も重要なのか、あなたがこれから何を考えるべきかが、明確に書かれているからです。

今後、あなたは思考のコンパスを元に、さらに思考を深めていくことになります。

その際、第2章で紹介する「欲張りなゴールの設定」や「3分メモ」や「サイコロ法」などのメモ術、第3章で紹介する、仮説をつくるための方法（「9マス法」「ツリー法」「グルーピング法」）が役に立つでしょう。

おそらくみなさんは、情報もやるべき作業もたくさんある中で、「考えなければならないこと」を、常にいくつも抱えているはずです。

しかし、人は複数のテーマについて、同時に高いレベルで思考を深めることはできません。

最も重要なものから順番に片づけていくしかないのです。

ロジカルメモで、

思考のコンパスをつくる＝自分がやるべき（考えるべき）ことを絞り込む

ことで、思考が整理され、あなたが力を注ぐべきポイントが明確になれば、パフォーマンスはグッと上がるはずです。

思考のコンパスは、できればその日のうちにつくる

なお、私は、打ち合わせや取材が終わると、できるだけその日のうちにステップ2、3を終え、思考のコンパスをつくるようにしています。

残念ながら、人は忘れる生きものであり、ただインプットしただけ（打ち合わせや取材の内容を、ただメモしただけ）では、情報が自分ごとにならず、記憶に定着せず、あっという間に頭から消えてしまいます。

しかし、メモの内容を自分の言葉で書きかえ、思考のコンパスをつくるというアウトプットの作業を同時に行うことで、情報が自分ごとになり、記憶に残りやすくなります。

「何かを学習した後、24時間以内に10分間の復習を行うと、記憶率は100％に戻り、そのうえで1週間以内に5分、1か月以内に2～4分復習すれば、記憶は復活する」との研究結果も出ています。

打ち合わせや取材をしたり、本やネットから情報を集めたりしたら、できるだけその日のうちに、思考のコンパスをつくることをおすすめします。

「考える」ことは「言葉にする」こと

ロジカルメモで考える時間が短くなれば、さまざまなメリットが得られる

これまで見てきたように、「考えるのが苦手な人」「考える時間がない人」「考えることが多すぎる人」でも、ロジカルメモを実践すれば、次のことが可能となります。

●やるべきことを一つに絞ることができる
●考えるべきことを一つに絞ることができる

- 仕事や課題の全体像を早く把握できる

そして、考える時間が短くなることにより、結果として、

- **仕事が最速で終わる**
- **余裕をもって仕事ができる**
- **仕事のパフォーマンスが上がる**
- **自由時間が増える**

といった、さまざまなメリットが得られます。

しかし、ロジカルメモにはほかにも、大きなメリットがあります。
それは、「考えたことや思考のプロセスが、文字として残る」ということです。

「考える」とは、頭の中身を言語化すること

「考える」とは、頭の中身を言語化する（文字にする）ことである。

人は言語化することで、初めて考えることができる。

これは、考える力のない自分に危機感を覚えた私が、「考えるとは、一体どういうことなのか」「具体的に何をすれば、考えたことになるのか」と自らに問いかけ、過去の経験やさまざまな情報を元にたどり着いた、一つの結論です。

脳内には、次々にいろいろな情報が入ってきますし、人の思いは、現れてはすぐに消えていきます。

何らかの課題に対し、頭の中で漠然と「ああでもない」「こうでもない」と考えていても、それはなかなか形にはまとまりません。

しかし、文字や文章にすることで、「頭の中」というブラックボックスの中にある思いや情報がいったん外部に取り出され、客観的にとらえられるようになります。

また、脳内の考えは、時間がたって記憶が薄れたり、後から自分の思い込みや勘違いが加わったりすることで変容し、正確さが失われていきます。

口頭で話した言葉は、その場で消えていきます。

その点、文字化された考えは、記録として残ります。

特にロジカルメモなら、考えのベースとなった事実（会議や打ち合わせ、取材や、本、ネットなどから得た情報）が左側のページに書いてあり、自分がいつでも見返すことができます。

勘違いしている部分、思い込んでいる部分、あやふやな部分はないか、あやふやであれば、すぐに周囲や打ち合わせ相手に確認することはないかといったことを、いつでも検証できるのです。

加えて、文章化ゾーンを見れば、自分が何に感動したかを思い出すこともできます。

このように、ロジカルメモは、「考える」という行為を、もっとも正確に、合理的に、ラクにできるようにしたシステムなのです。

コラム **1**

「思う」と「考える」、「思いつき」と「アイデア」

「村本さんは全然考えていない」と言われて

いきなりですが、みなさんには、次のような経験はありませんか?

●上司から「新しい商品やサービスなどの企画を考えてくるように」と指示され、必死でアイデアを絞り出し、提案したのに、「ただの思いつきだ」と言われた。
●自分なりに、いろいろと考えて生きているつもりなのに、周りの人からは「何も考えていない」と言われる。

実は私自身、一緒に仕事をしている編集者から、以前はよく「村本さんは全然考えていない」と指摘されていました。

そんなとき、私はいつも混乱し、反発すら覚えていました。

自分が出した意見やアイデアが浅く、考えが足りないことはわかっていましたが、それなりに時間をかけ、材料を収集・整理し、頭を使ったのはたしかであり、「これ以上どうすればいいのか」という気持ちになってしまっていたのです。

ただ、あるとき、その編集者から、

「村本さんが『考える』って言ってることって、『思っている』ことが多くない？」

と言われ、ハッとしました。

たしかに、私は、「思う」という言葉と「考える」という言葉を、あまり丁寧に分けずに使っていた、と気づいたのです。

みなさんも、ぜひ「考えて」みてください。

「思う」と「考える」の違いはどこにあるのでしょう？
「思いつき」と「アイデア」の違いはどこにあるのでしょう？
「人の気持ちを考える」は「思う」なのか「考える」なのか？

さんざん頭を悩ませた結果、頭に浮かんだことをそのまま紙に書くのは、「思いつき」なのか「アイデア」なのか？

ちなみに、私がたどりついた答えらしきものは、次のとおりです。

よく、「思う」は主観的・感情的・瞬間的なもので、「考える」は客観的・論理

的・継続的なものである、と言われますが、私は、

●「思う」というのは、ふと頭の中に浮かぶことであり、「思いつき」とは、それをそのままアウトプットしたもの

●「考える」というのは、思ったことを掘り下げ、検証することであり、「アイデア」とは、「思いつき」に「新しい価値」を加えたもの

ではないかと考えています。

たいていのヒット商品には「新しい価値」が加わっている

どんなジャンルでも、ヒットするものには、「新しい価値」が加えられています。

たとえば、２０２０年、コロナ禍により世界中の人々が外出自粛およびテレワ

ークを求められる中、一躍注目を浴びたのが、ウェブ会議室「Ｚｏｏｍ」でした。

ＬＩＮＥやＳｋｙｐｅなど、映像つきで会話や会議ができるウェブシステムはほかにもありますが、Ｚｏｏｍには、

●各自がユーザー登録やアカウント作成をしなくても、開催者がＵＲＬを一斉送信すれば、１クリックでつながる。
●データ通信量が少なく、途切れにくい。
●簡単に録画ができる。
●参加者を、少人数のトークグループに分けることもできる。

など、さまざまな「新しい価値」がありました。

こうした特長により、Ｚｏｏｍは会議のみならず、オンライン飲み会やオンラインお見合い、演劇などにも使われています。

もし、企画会議で「オンライン会議ができる、新しいシステムを作りたい」と

だけ発言すれば、それは単なる思いつきですが、

●既存のウェブ会議システムについて徹底的に調べる。
●そのうえで、どのような機能を付与すれば差別化でき、売りになり、幅広く利用されるかを、実現可能性も含めて検証する。

といった作業を行い、「新しい価値」を具体的に提示すれば、思いつきはアイデアに変わるのです。

思いつきをブラッシュアップしていくプロセスこそが、「考える」という行為

商品やサービスだけではありません。

たとえば、「人生において大事なものは何だと思いますか？」と尋ねられたとき、「家族や友だちも大事だし、健康も大事だし、趣味も大事だし、お金も大事

だし……」と答えれば、単に思いつきを並べただけになりますが、

●大事だと思うもの一つひとつについて、「なぜそれが大事だと思うのか」を考える。

●どちらがより大事なのかを比較検討する。

●大事なものを守るためにどうすればいいかを考える。

といったことまで掘り下げ、たとえば、

「大事なものはいろいろとありますが、今の自分にとってもっとも大事なのはお金です。お金があれば、いざというときに家族や友だちを助けることもできるし、健康にいい食事をとったり、趣味のための教室に通ったりすることもできるからです。そのためにムダな支出を減らし、リスクの低い投資を始めて、資産を増やします」

などと答えることができれば、それは「考えた結果」であるといえますし、その人なりの「新しい価値」も加えられています。

無限に湧き上がる「思い（つき）」やさまざまな可能性を精査し、「これは」というものを選び出し、ブラッシュアップし、「新しい価値」を加える。

そのプロセスこそが「考える」という行為なのです。

第2章

メモでアイデアをつくる

知的生産
意思決定
問題解決力

メモ術 1

ロジカルメモを「第二の脳」として活用しよう

メモで「アイデアの種」をたくさんつくろう

第1章でもお伝えしたように、アイデアは自分ごとから生まれます。

つまり、どれだけの物事を自分ごとにできるかで、アイデアの質や量が決定します。

私たちは、アイデアが豊富な人を見ると、「頭がいいんだな」「才能があるんだな」「特殊な訓練でも受けたのかな」と憧れ、「どうせ自分には無理だ」と思いがちです。

しかし、それは間違いです。

彼らは努力を重ね、アイデアを生むコツを手に入れたのです。

そして、ロジカルメモで、他人ごとを自分ごとにし、自分が進むべき道を照らしてくれる思考のコンパスを手に入れれば、あなたもきっとアイデアマンになれます。

他人ごとをどんどん自分ごとにし、手が止まらないくらいの勢いで、メモを書き続けましょう。

自分が理解でき、納得でき、楽しくなるまで、メモを書き続けるのです。

それを繰り返していくうちに、メモ帳はあなたの「第二の脳」となって、働いてくれるようになります。

私がこのメモ術が好きな理由は「自分が忘れても、メモが考えるべきことを覚えていてくれるから」です。

友人と思いきり遊んでも、息抜きで旅行に行っても大丈夫。

第二の脳であるメモが、しっかり仕事を整理して、覚えていてくれているので、気持ちよく仕事から離れることができます。

もし、「考えるべきことを全部自分で覚えていなければいけない」と思ったら、「大切なことを忘れてしまうかもしれない」というプレッシャーで、プライベートを楽しむことができないでしょう。

それでは、かえって、いいアイデアは浮かびません。

アイデアの源泉は、「人に伝えたい」という思い

ところで、アイデアの源泉は、「人に伝えたい」という思いです。
この商品の魅力を伝えたい。
人生のヒントを伝えたい。
お客さんにもっと喜んでほしい。
自分の思いを知ってほしい。
このような「伝えたい思い」が、アイデアを生むのです。
「アイデアマン」と呼ばれる人たちには、優しい人が多い気がします。

「誰かに喜んでほしい」という思いを強く持っているから、自然と人に優しくなれるのかもしれません。

逆に、「仕事をやらされている」と思いながら日々を暮していると、どうしても自分のことしか考えられなくなり、アイデアが生まれづらくなっていきます。

会議や打ち合わせを重ね、ロジカルメモで自分ごとを増やし、自分の「伝えたい」が高まり、アイデアを出せるようになったら……。

一日のほとんどを仕事に費やしている私たちは、かなり幸せになれるはずです。

ロジカルメモは、仕事のＴＯＤＯや考えるべきことだけでなく、アイデアの源泉である「伝えたい思い」を形にし、残してくれる便利なツールです。

自分が何を世の中に伝えていきたいのか、知ってほしいのかを整理して、アイデアという形にする。

第２章では、その助けとなるメモ術をいくつかご紹介しましょう。

メモ術 2

成長するために「一人会議」で知的生産を上げる

打ち合わせの後は、必ず一人会議を

私は、打ち合わせや取材の後、必ず30分程度の「一人会議」を行っています。
メモの内容を自分の言葉でまとめ、「どんなことに感動したか」「どんな新しい価値を見つけたか」を確認するためです。

「鉄は熱いうちに打て」といいますが、記憶が薄れないうちのほうが、情報も効率よく整理できます。

ですから、打ち合わせと一人会議は、必ずセット。

打ち合わせが入ったら、同時に一人会議の時間もスケジュール帳に書き込みます。

場合によっては、打ち合わせの前にも一人会議を入れることがあります。

ロジカルメモで、前回の打ち合わせの内容を軽く復習したり、これから打ち合わせる内容の確認をしたり、事前に思いついたこと書き込んだりするためです。

生産性は「ひとりで考えるからこそ高まる」

打ち合わせの前後以外にも、一人会議は必要です。

特に、アイデアを生むためには、打ち合わせや取材、情報のインプットを繰り返すだけでなく、それらの情報をもとに、一人で考える時間が不可欠なのです。

著書『ひとりで、考える』（岩波ジュニア新書）の中で、哲学者の小島俊明さんは、

「学習においても、考えごとや読書においても、孤独に徹しないと、進歩が見られません。」

と書いています。

情報を集め、ロジカルメモで思考を広げ、深めたら、5～10分の一人会議のスケジュールだけ決め、一度、そのテーマについて考えるのをやめましょう。

少し距離を置き、すっきりとした新鮮な気持ちであらためて考える気持ちになったら、ロジカルメモを使って一人会議をするだけで、思いがけないアイデアがわいてくるはずです。

一人会議をする際には、5分でも10分でもメールから離れ、SNSを遮断し、一切の情報のインプットをやめましょう。

そして、ロジカルメモだけを目の前に広げます。

メモには、あなたのアイデアの源泉や、「あなたがそのテーマについてどう思ったか」という主観や、「なぜそれが大事だと感じたか」「どのような経緯で、その結論にたどりついたか」などが、すべて書かれています。

あなたはもう、素晴らしいアイデアを生む一歩手前まで来ています。
大事なことは、過去のあなたがすでに考えてくれています。
あとは、その財産を最大限に活用し、結果を出すだけです。

メモ術 3

「欲張りなゴール」を設定する

ゴールには、人が喜ぶ要素をモリモリにする

ビジネス本や脳科学の本などで、よく、「ゴールを設定しよう」というフレーズを見かけます。

ゴール設定は「何のために考えるか」「何のためにアイデアを出すか」を決めるときにも重要であり、ゴールが明確に設定されていなければ、なかなか結果は出ません。

一方、この社会には情報があふれ、本でも映画でも音楽でも、魅力的な作品がたくさんあります。

その中で、多くの人に注目されるアイデアを生み、ヒット商品をつくるには、どうすればよいのか。

自分なりに必死に考え、たどりついたのが、「欲張りなゴールを設定する」という方法です。

これは、後述する「○○が喜ぶ10か条」とも関係しますが、文字通り、「設定するゴールを、できるだけ欲張りなものにする」というものです。

たとえば、あなたが新たに「投資」に関する本をつくるとします。

その場合、次の2つのうち、どちらをゴールにすると良いでしょうか？

- お金が増やせる本
- 投資経験がない人でも、現在貯金がない人でも、年金生活の人でも、何歳からでも、貯金感覚で始めることができ、リスクが少なく、お金の不安が消え、老後に必要だとされている2000万円も準備でき、趣味や楽しいことに自由にお金を使える本圧倒的に、2つめのほうがいいですよね。

このように、メモでアイデアをつくるときは、「自分につくることができるのか」「実現可能なのか」「開発できるのか」といったことは考えず、まずは人が喜ぶ要素をモリモリにしたゴールを設定しましょう。

欲張りなゴールを設定すると、必要なこと、やるべきことが明確に見えてくる

こうした「欲張りなゴール」が設定できたら、実は、「新しい投資の本について考える」という作業は、半分以上終わっています。

あとはもう、

●投資経験がない人でも始められる
●現在貯金がない人でも始められる
●年金生活の人でも始められる
●何歳からでも始められる
●貯金感覚で始められる
●リスクが少ない
●お金の不安が消える
●老後資金2000万円貯まる
●趣味や楽しいことに自由にお金を使える

これらの解決方法を考えるだけ。

いかがでしょう?
人が喜ぶ要素をモリモリにしたゴールを設定した時点で、何を考えるべきか、どのような課題を解決するべきか、どのような情報を探し、インプットするかが、明確になっているのです。

一方で、「お金が増やせる本」というゴールからは、「何を考えれば正解なのか」「どんなアイデアが必要なのか」が見えてきません。

どのようなジャンルでも、多面的で、かつ構造的に優れたアイデアは、たいていさまざまな条件を満たしています。

「ああでもない」「こうでもない」と頭を悩ませ、アイデアを0から構築するよりも、まずは、「あれもこれもそれも叶う本にしたい」といった具合に、感情のおもむくまま、思いつくまま、自分に制限を設けず、欲張りなゴールをつくってしまいましょう。

もちろん、実現する方法を考える段階で、「この要素は何が何でも不可能だ」ということも出てくるかもしれませんが、「一つでも多くの要素を可能にしたい」と粘り強く考えた先に、素晴らしいひらめきは待っているものです。

欲張りなゴールは、実現に向けてのモチベーションも高めてくれる

なお、欲張りなゴールを設定する際には、それを達成することでどんないいことが起こるか、具体的に考えてみましょう。

そうすることで、実現に向けてのモチベーションが飛躍的に高まり、目指すゴールはより鮮明に、明確になります。

たとえば、ただやみくもに「お金を稼ぎたい」と思うよりも、「生活を安定させ、パートナーや家族と素敵な家に住みたい」「たくさん旅行をしたい」「おいしいものを好きなだけ食べたい」「会社をつくり、世の中の役に立つものをつくりたい」という目的があったほうが、どうすればお金を稼げるか、より真剣に考えるはずです。

ですから、ゴールを設定する際には、たとえば「達成すると、自分にとってこんな

いいことがある」「達成すると、誰かが喜んでくれるかもしれない」と、具体的に想像してみてください。

そうすることでさらにモチベーションが上がり、実現するためにどのような方法が必要なのかが勝手に整理され、アイデアが浮かびやすくなるはずです。

プライベートで何かを実現させたいときも、たとえば「旅行に行きたい」というだけではなく、「食事もショッピングも楽しめて、のんびりと海も眺められて、牧場にも行けて……」といった、モリモリなゴールを作ってみましょう。

欲張りなことは、決して悪いことではありません。

それは、より多くの喜びを、あなた自身にも、周囲の人にももたらしてくれます。

ただ、ふだんあまり「ああしたい」「こうしたい」といった願望を口にしない人は、いきなり「欲張りなゴールを設定しろ」と言われても、難しいかもしれません。

その場合は、ロジカルメモの「ふつうのメモゾーン」に、まずはやりたいこと、実現させたいことをたくさんメモしていきましょう。

すぐに止まってしまったら、「頑張ってあと5つ考えよう」と無理矢理絞り出したり、すでに出たものに「どうやって？」といった疑問を投げかけ、具体化させたりするといいでしょう。

その中から使えそうなキーワードを拾い、欲張りなゴールを設定してみてください。

「ヒットしそうな商品をつくる」「売上げを増やす方法を考える」「節約の方法を考える」といった無機質な目標も、人や自分が喜びそうな要素をモリモリにすることで、きっと挑戦したくなる魅力的なゴールに変わるはずです。

メモ術 4

奇跡を求めてひたすら書く

「はちみつレモン」に脳内を支配された編集者

「奇跡を求めてひたすら書く」というのは、文字通り、「アイデアとの奇跡的な出会いを求めて、ただひたすらメモを書く」というものです。

「ただひたすら書く」ことのメリットの一つは、「頭の中のゴミを除去できる」点にあります。

みなさんは、何かを考えているとき、脳が別の考えや言葉などに支配されてしまったことはありませんか?

たとえば、私の知り合いの編集者は、本の帯文《おびぶん》、いわゆるキャッチコピーをつくらなければいけないとき、行き詰まると毎回「はちみつレモン」という言葉に脳内を占領されていた、という話をしていました。

頭の中を「はちみつレモン」という言葉がグルグルと駆け巡り、どんな言葉を思い浮かべても、なぜか「『はちみつレモン』に勝《まさ》るキャッチコピーはない」と思ってしまう。

それほど、「はちみつレモン」に頭を支配されてしまったそうです。

そこで彼が考えた解決策は、とにかく「はちみつレモン」という言葉を、一度ひたすら書きだすことでした。

頭の中の「はちみつレモン」を全部外に出しきって、ようやく帯文を考えられるようになったそうです。

この例はやや特殊かもしれませんが、「真剣に考えなければいけないことがあるときほど、気になることや気になる言葉などに邪魔される」というのは、おそらく誰にでもあることではないでしょうか。

ですから、まずは頭の中に浮かんでくることを、すべて紙に書き出してしまい、一度頭をからっぽにしましょう。

そこから、新しいアイデアをつくり始めるのです。

言葉のいろいろな可能性を、ひたすら探る

頭の中のゴミを書き出して、頭の中がまっさらになったら、今度は、考えるべきテーマに関して思い浮かんだ言葉を、ひたすら書き出していきます。

その中に、アイデアのきっかけになるものが混じっていれば良いのですが、そうカンタンにはいかないことも多いでしょう。

そこで試していただきたいのが、意外な言葉と意外な言葉を組み合わせたり、その言葉や物事を別の角度から見つめ直したりする、というやり方です。

ヒット商品の中には、意外なものの組み合わせによって生まれたものが少なくありません。

２０１９年のヒット商品となった「ハンディーファン」は、

「ハンディー＝持ち運べる」×「ファン＝扇風機」

という組み合わせがうけ、すでに夏の定番商品となった感があります。

2018年に連続ドラマとして放送された『おっさんずラブ』が、ツイッターの世界トレンド第1位になるほど話題となった理由の一つも、「男性同士の恋愛もの×月9のような展開」という組み合わせの面白さにありました。

一方、その言葉や物事を別の角度から見つめ直すことで、ヒットしたものもあります。

たとえば、2020年のヒット商品の一つである、資生堂の「ウーノ　メンズコスメ」。

「コスメは、基本的には女性のもの」という世間の常識を逆手にとり、「男性向けのコスメ」を前面に打ち出したことで、肌のエイジング意識が高まる30代、40代の男性を中心に支持され、商品によっては、累計100万個以上も出荷されているそうです。

このように、言葉と言葉の組み合わせを少し変えたり、物事の、それまでとは異なる側面に注目したりすることで、思いもよらない化学反応が起こることはよくあります。

ですから、アイデアに詰まったときには、ひたすら、頭に浮かんだ言葉、目についた言葉などを紙に書き出し、組み合わせたり、別の角度から眺めたりしてみましょう。「これはいけるんじゃないか」と思うものが、突然ふっと現れるかもしれません。

やや力技に感じられるかもしれませんが、ただひたすら書くという方法も、ときには非常に効果的なのです。

メモ術 5

「3分メモ」を繰り返す

「後でゆっくり考える」でいいアイデアは生まれない！

アイデアをつくる際の一番の大敵は、「後でゆっくり考えよう」という感情です。

実は私自身、アイデアを出さなければいけないとき、何らかの答えを出さなければならないとき、以前はよく「後でゆっくり考える」という言葉を使っていました。

今は、ちゃんと考える余裕も時間もない。

そんな状態で考えても、いいアイデアや答えが出るはずがないから、ひと段落したところでゆっくり考えよう。そう思っていたのです。

しかし、10年ほど前に気づきました。

「後でゆっくり考えよう」と思って、本当にちゃんと考えられたこと、いいアイデアが出たことは、ほとんどありません。

「後でゆっくり考える」というのは、言いかえると、「今は考えない」ということです。

でも、私は、「たくさんの時間が必要だから」と「考える」のを後回しにする↓直近で一番長く時間がとれそうなところで、アイデアを考える時間を確保しようとする↓日々の仕事や用事に流され、結局その時間もとれない……という負のループに、よくハマっていました。

すきまの3分を利用して、アイデアを生み出す

そこで編み出したのが、3分メモです。

たとえばトイレに入っているときの3分、喫茶店でお茶が出てくるまでの3分、電車が来るまでの3分、仕事でちょっと手が空いたときの3分など、「今、この3分の間に考える」を何度も繰り返すほうが、「後で考える」よりもアイデアの種が生まれやすいということを学んだのです。

3分メモで生まれた言葉やアイデアの種は、後述するカラーバス法で広げることができます。

でも、「後で考える」という言葉に逃げていると、頭の中に、いつまでも考える種やアイデアの種が生まれないため、日常をアイデアに変えることができません。

ですから、3分だけ考えてメモに書きとめ、アイデアの種を増やしていくのです。

ちなみに、「考えなければいけないテーマを絞り、それだけを頭の中に入れ、あとは日常生活をふつうに送り、ふと浮かんだアイデアを書きとめる」という、第4章で提案する「結果を出すために、あえて働かない」を実践する際にも、3分メモは有効です。

アイデアを出すことに難しさや大変さ、苦痛を感じている人は、ぜひ3分メモを繰り返してみてください。

働かずに結果を出すために、3分だけ頑張るのです。

前向きなのか後ろ向きなのかよくわからない提案ですが、3分メモが、あなたの日常のすべてをアイデアに変えてくれるはずです。

メモ術 6

「サイコロ法」で想像以上の答えを出す

視点を変える一番カンタンなやり方

新しい企画を考えるとき、よく求められるのが「斬新さ」です。

世の中のヒット商品にはたいてい、どこかに斬新さがあります。

斬新なアイデアであったり、斬新な切り口であったり……。

たとえば、近年のベストセラーのタイトルをいくつか挙げてみましょう。

『嫌われる勇気　自己啓発の源流「アドラー」の教え』
（岸見一郎・古賀史健著、ダイヤモンド社）
『1日1ページ、読むだけで身につく世界の教養365』
（デイヴィッド・S・キダー著、文響社）
『こども六法』（山崎聡一郎著、弘文堂）
『ケーキの切れない非行少年たち』（宮口幸治著、新潮社）

このうち、200万部を突破した『嫌われる勇気』は、「嫌われることが嫌い」な私たちの心に、ズバッと刺さった一冊です。

「嫌われる」×「勇気」というタイトルの、言葉の組み合わせがとても斬新で、真似できる気がしません。

『1日1ページ、読むだけで身につく世界の教養365』は、「1日1ページ」×「365」という組み合わせに納得感が、1日1ページで世界の教養が身につく点におトク感があり、さらに（本を開くとわかりますが）歴史、文学、芸術……と、毎日分野が変わり、幅広く学べる点が斬新です。

『こども六法』は、「六法」という難しい言葉と、「こども」という柔らかい言葉の組み合わせが、「法律は難しいもの」という思い込みを取り払ってくれますし、『ケーキの切れない非行少年たち』はタイトルを見ただけで興味を惹かれ、中を開かずにはいられません。

やり方はカンタン！サイコロにキーワードを書いて振るだけ

「斬新なアイデアが次々にわいてくればいいのに」「人と違った視点が持てればいいのに」。

おそらく誰もが、そのような思いを抱いているのではないでしょうか。

私も、本の企画を出すよう求められたとき、原稿を書いているとき、キャッチコピーや見出しを考えるとき、物語を考えるとき、ショーの内容を考えるとき、毎回、「必要なときに斬新なアイデアがわいてくれれば、サクサク仕事が終わるのに……」という気持ちになります。

そんな私が、アイデア出しに困ったとき、しばしば活用しているのが「サイコロ法」です。

これは、「キーワード」を使って、ゲーム感覚で発想の幅を広げるというものです。

サイコロ法は、新しい商品やサービスの企画を考えなければならないとき、商品名やタイトル、キャッチフレーズを考えなければならないときなどに有効です。

やり方は非常に簡単。

無地のサイコロ（ネットで千円以下で購入できます）をいくつか用意し、サイコロの各面に、ペン（油性のサインペンなど）でキーワードを書き、一つ、もしくは複数のサイコロを振る。

ただそれだけです。

キーワードは、たとえば、前述した本のタイトルを拝借して、「嫌われる」「勇気」「こども」「非行少年」「1日1ページ」などと書いてもいいでしょう。

あるいは、ご自分にとっての「ラッキーワード」だけを集めたサイコロを、一つつくっておくのもいいでしょう。

「その言葉を使って出した企画が通った」「その言葉を使った商品がヒットした」といった実績のある言葉や、よく使う言葉などで固めるのです。

私の場合は、『3000円投資生活』の「投資」「生活」、『今日が人生最後の日だと思って生きなさい』の「人生」「最後」「〜なさい」などを書いたサイコロが、一つあります。

サイコロ法を使うと、思いがけない「言葉の組み合わせ」が見つかる

サイコロ法には、次のような使い方があります。

●同じようなアイデアしか思い浮かばなくなったときに、行き詰まりを打破する。
たとえば、サイコロを振って出た言葉と、今の課題とを組み合わせてみたり、二つ以上のサイコロを同時に振り、出た言葉同士を組み合わせてみたりする。

●メモがわりに使う。
ヒットした商品や、ネーミングが面白いと思った商品、気に入っている商品に使われている言葉などをメモがわりに書き込むことで、ちょっとしたネタ帳になります。

また、気持ちや視点を切り替えたいときにも、サイコロ法は便利です。

これはあくまでも私の印象なのですが、できる人、アイデアマンと言われる人は物事を考える際の気持ちや視点の切り替えが非常にスピーディーです。

たとえば、いろんな側面、いろんな切り口が考えられる、ある課題について、私がせいぜいAとかBといった側面を見つめながらウンウンうなって考えている間に、彼らはA、B、C、D、F、G、H、I……と、軽やかにさまざまな側面を眺めながら考え、仮説や答え、アイデアにたどりつきます。

いったい、どうすればあのようにパッパッと視点を切り替えられるのかわからないのですが、サイコロ法を使ったり、あるいはサイコロを持って、ただグルグルと回しながら眺めたりすることで、新しい情報が入ってきて、私も、若干気持ちが切り替わるような気がします。

私を含め、多くの人が、最初、問題や課題に対してすぐ思いつくことは、ありきたりなもの、目新しくないものかもしれません。

しかし、サイコロ法でキーワードをぶつけ続ければ、必ず、自分でも気がつかなかった、思いもしなかった事実、側面が見つかります。

ふだんの自分の思考の範囲の外から引っ張ってきたものの中にこそ、今まで思いもよらなかった、新しい発想やアイデアの種が潜んでいるかもしれないのです。

かなり偶然性の高い、遊びに近いやり方ではありますが、何事にも遊びの要素は大切です。

ぜひみなさん、サイコロ法を楽しみつつ、課題解決に役立ててください。

メモ術 7

○○が喜ぶ十か条

ヒット商品に必ず、「消費者から喜ばれる要素」がたくさん詰まっている

遠くからきた家族や友人をもてなすとき、恋人とデートをするとき、みなさんはどのようにしてプランを考えますか?

おそらく、「どうすれば相手が喜んでくれるか」を一生懸命考え、喜んでもらえそうな要素をできるだけたくさん盛り込もうとするのではないでしょうか。

これと同じことをやってアイデアをつくるのが、「○○が喜ぶ10か条」というメモ術です。

ヒット商品にはたいてい、「消費者から喜ばれる要素」がたくさん詰まっています。たとえば、120mLという超ミニサイズのマグボトル「ポケトル」は、「350mLや500mLだと多すぎて飲みきれないので、ちょうどいい」「小さくて軽くて持ち運びやすい」「見た目がかわいらしい」といった理由で女性の支持を集め、2019年のヒット商品となりました。

また、やはり2019年のヒット商品となった「マシュマロパンプス」は、「ふわふわした履《は》き心地で、足が痛くない」「価格が安い」「カラーバリエーションが豊富」といった理由で喜ばれています。

このように、人から注目されるアイデアには、「誰かが喜ぶ要素」が多面的に含まれているのです。

ちなみに、私たちが編集し、シリーズ累計80万部のヒットとなった『3000円投資生活』シリーズも、本そのものが「手軽にお金を増やしたい人が喜ぶ10か条」（実際には、要素はもっと多いのですが）となっています。

ビジネスでもプライベートでも、「相手が喜ぶ10か条」を考えよう

ふつう、「新たな商品やサービスのアイデアを考える」「自社の商品やサービスを買ってもらう方法を考える」というときには、どうしても「自社の技術や強みをどう生かすか」「どうすればヒットさせられるか」「どうすれば買ってもらえるか」といった具合に、つい「自分自身」をスタートに考え、自分たちの都合を優先させてしまいがちです。

しかし、それではなかなか、ヒットにつながるアイデアはわきません。

また、ビジネスのシーンでよく「相手（顧客など）の立場になって考えましょう」

という フレーズを耳にしますが、「相手がどう思っているのか」と漠然と考えても、なかなか質の高いアイデアは浮かびません。

それよりも、「○○を喜ばせる10か条」を具体的に考えたほうが、役立つアイデアが生まれやすいはずです。

10か条が大変なら、3か条でも5か条でもかまいません。

たとえば、新橋に飲食店を出すのであれば、「自分がどういうお店を出したいか」ではなく、「新橋に通勤するサラリーマンが喜ぶ10か条」、ペン字の練習帳をつくるのであれば、「字を書くのが苦手な人が喜ぶ10か条」を考え、箇条書きにし、俯瞰《ふかん》して眺めることで初めて、どのようなお店や商品にすればいいのか、多くの人に喜ばれるかが見えてきます。

もちろん、この方法は、プライベートでも有効です。

大事なパートナーや家族、友人、そして自分自身に喜んでもらうために、「○○を喜ばせる10か条」を考えてみるのもよいでしょう。

メモ術 8

「思いつき」を魅力的に変えるタイトル法

タイトルをつけるのは、プロの編集者、どれだけヒットを出している編集者でも必ず苦労する仕事であり、誰でもカンタンにできるというものではありません。

ただ、タイトルというのは、それひとつで売上げを左右するものでもあります。

たとえば、私が関わった、ホスピス医の小澤竹俊先生による、『今日が人生最後の日だと思って生きなさい』（アスコム）という本。

この本は、25万部を超えるベストセラーとなったのですが、最初のうちは「昨日より幸せな今日を生きる」「幸せはいつもあなたの心の中にある」「100点を目指すより、ありのままで生きる」などが、タイトル案の候補にありました。

メッセージ性の違いは明らかだと思います。

もし「昨日より幸せな今日を生きる」というタイトルだったら。

言わんとしていることは似ていますが、ベストセラーにはなっていなかったと思います。

プロでも苦労するタイトルづけですが、いくつか面白い法則もあります。

「君」と「僕」が最強

書籍、映画、コミックを問わず、常に何かしらヒットにつながっている最強の言葉があります。

それが「君」と「僕」です（これはあくまでも、個人的な感想ですので、軽く読み流してください）。

時代をグッとさかのぼれば、与謝野晶子の「君死にたまふことなかれ」もそうですし、記憶に新しいところでは、新海誠監督の「君の名は」がありますね。

ほかにもほぼ毎年、「君」と「僕」は大ヒットを作っています。

累計3000万部突破の漫画『君に届け』、小説『君の膵臓をたべたい』も300万部突破。

『漫画 君たちはどう生きるか』『そうか、もう君はいないのか』『ぼくは愛を証明しようと思う。』『僕のヒーローアカデミア』『僕だけがいない街』『ぼくはイエローでホワイトで、ちょっとブルー』『あの日見た花の名前を僕達はまだ知らない。』など、挙げればキリがありません。

これは、「君」と「僕」という言葉が読み手にとって「自分ごと」になりやすい言葉であるせいだと私は思っています。

常にヒットに関わってくるのは、ジャンルを問わず心に刺さりやすいからでしょう。タイトルにおいても「自分ごと」は一つのポイントになります。

もう一つ、ヒットしやすいのが、「ギャップのあるタイトル」です。『夜のピクニック』『夜は短し歩けよ乙女』『シロクマのことだけは考えるな！ 人生が急にオモシロくなる心理術』『ホームレス中学生』「戦場のメリークリスマス」など、言葉の組み合わせにギャップがあり、興味をそそられるものです。「夜のピクニックって？」と一言で興味を抱かせ、手に取らせる。そうした力があります。

ほかには『四月は君の嘘』『3月のライオン』など、季節や数字を入れるタイプ。『好き好き大好き超愛してる。』『アヒルと鴨のコインロッカー』『限りなく透明に近いブルー』『誰がために鐘は鳴る』『虚空遍歴』など、真似できない超パワーワードタイプもあります。

タイトルの考え方、つけ方は無限に存在する、もしくは方法論がない世界ともいえますが、ご紹介した中で真似しやすいのは、

「自分ごと」
「ギャップ」

ではないでしょうか。

小説でも映画でも、自分が興味を持てるかというのがポイントになりますが、この2つは、そのロジックがわかりやすいと言えます。

そのため、今、自分が考えているタイトルに、読者の自分ごとがあるか、もしくは常識や世間で思っていることとのギャップがあるかを考えるのは、一つのとっかかりとなります。

少なくとも天才しかたどり着けなさそうな「超パワーワード」タイプよりは、実践しやすいはずです。

今の自分が考えているアイデアを一段階あげ、魅力的なタイトルにするとしたら。まずはこの２つからお試しください。

メモ術 9

メモでヒアリングの技術を磨け

トップの状態で取材に臨むことが、取材相手への最低限の礼儀

私の大好きな脚本家・内館牧子さんのエッセイ『切ない30代に捧ぐ』（角川文庫）に、こんなエピソードがあります。

内館さんは、脚本家を目指して35歳で三菱重工業を退職し、しばらくはフリーランスのライターとして、ＮＨＫのドラマガイドブックなどの原稿を書いていました。

あるとき、大河ドラマに出演されていた、俳優の北大路欣也さんに取材をする機会があり、次のようなやりとりを交わされたそうです。

「いつも取材の仕事をしているの？」

「はい」

「いいね。取材って相手の世界をもらっちゃうことだからね。贅沢《ぜいたく》な仕事だよね」

内館さんは、その後もずっと、この言葉を肝に銘じていたとのことです。

仕事柄、私もいろいろな方に、よく取材をさせていただきます。

医師、鍼灸《しんきゅう》療法士、家計再生コンサルタント、弁護士、企業の社長、政治家、タレント、作家……。

これまで数多くの方のお話をうかがってきました。

私は取材が大好きです。

何十年もその世界で活躍されてきた方々の知識やお話は興味深く、学ぶことがたくさんあるからです。

ただ、それだけに、取材をさせていただく責任は大きいと思っています。

北大路さんの言葉ではありませんが、取材をすることは、相手の方が数十年間に得た経験や知識と、貴重な時間をいただくことだからです。

ですから、取材の準備はできるだけ入念に行います。

取材相手のプロフィールや過去の取材記事、著作物などに目を通すのはもちろんですが、質問の仕方や内容についても、常に、できるだけ先方が答えやすく、その時点で先方にとって最高の答えが引き出せるようなものにしたいと思っています。

そのために重要なのは、取材前に、質問の内容を自分の中で深め、煮詰めておくこと。

ありきたりな質問、漠然とした質問に対しては、基本的には、それに見合った答えしか返ってきません。

質問の内容が多少甘くても、非常に高いレベルの答えを返して下さる方もたくさんいらっしゃいますが、こちらがトップの状態で取材に臨んで初めて、先方のトップの状態を引き出せるのではないかと、私は思っています。

もちろん、取材した内容を、高いレベルの本や原稿に仕上げることも大事ですが、まずは、取材前に、自分の頭でしっかりと考えること。

それこそが、貴重な時間を割《さ》き、長年の経験や知識を分け与えてくださる取材相手に対する、私なりの敬意と感謝の表し方なのです。

「仕事ができる人」は、打ち合わせの前に、すでに考え終えている

なお、「この人は仕事ができるな」と思う人たちの打ち合わせでの発言を聞いていると、事前にしっかりと考えを深めてから臨んでいることがわかります。

会社勤めをしていた頃や、フリーランスになって間もない頃の私は、打ち合わせの席に、ほぼ「0」、せいぜい「1」の状態で臨んでいました。

事前にテーマがわかっている場合は、資料に目を通していきますが、その時点では、自分ごとになっていないので、情報はあまり自分の中に定着していません。

打ち合わせの席で、初めてそのテーマについて考えたり、詳しい情報を得たり、ほかの人たちの発言を聞いたりして、ようやくスタート地点に立つ感じです。

しかし、仕事ができる人たち（考える技術がある人たち、仕事が自分ごとになっている人たち、ともいえるかもしれません）は、「10」、ときには「100」の状態で、打ち合わせの場に臨んでいます。

そのテーマについて、事前に考えを深め、疑問に思う点や自分なりの具体的な答えを用意しているのです。

そして、すでに一度、しっかりと考えているからこそ、相手が言っていることも即座に理解し、自分の言葉でまとめて投げ返し、考えを共有したり、認識の違いをその場で修正したりしています。

それこそ、「トップの状態」同士で意見を交わしているため、話が早く、ムダがなく、短時間で大きな成果が得られるわけです。

以前の私は、「できる人たち」のそうしたやりとりについていけないことがたびたびありましたが、ロジカルメモによって考える技術が身についてくると、今までの自分の姿勢がいかに未熟であり、非効率的であったか、事前に準備をしてきた人たちの時間を奪っていたかを思い知らされました。

ロジカルメモを使うこと、考える技術を手に入れることは、自分と他人を大切にすることでもあるのです。

メモ術 10

クライアント、上司との意思疎通を最速に

ちょっとしたカン違いや行き違いが、コミュニケーションロスを生む

最速で最短で仕事を終えるために必要なこと。
それは、意思疎通を最速でこなすことです。

特に、打ち合わせの内容や次にやるべき作業に関して、認識のすれ違いからコミュニケーションロスが発生するのを、かなり抑えることができるはずです。

たとえば、みなさんは次のような経験をしたことはありませんか？

「上司との打ち合わせを踏まえ、言われたとおりに企画書をつくったつもりなのに、いざ見せると『ポイントがずれている』『なぜ指示したとおりにやらないんだ』と叱られ、全面やり直しになった」

「クライアントとの新商品の広告に関する打ち合わせの最後に、先方から『それでは先ほどの件、至急ご確認をお願いします』と言われた。『先ほどの件』というのは、最後に話題に出た納期の件だと思い込んでいたが、後で、広告で使う写真の著作権の件だとわかり、危うくトラブルになるところだった」

こうした行き違いは、たいてい、

●指示を出すほうの言い間違いや、指示の出し方のあいまいさ

●指示を聞くほうの聞き間違いや、思い込み
●打ち合わせの席では、なんとなくわかったつもりになっていたが、時間がたってからわからない点が出てきた。しかし、今さら確認するわけにもいかず、見切り発車で作業を進めてしまった
●打ち合わせの際、よくわからないところがあったのに、質問するのが面倒で、あるいは質問するタイミングを逃し、そのまま作業に入ってしまった

といったことから発生します。

また、「言葉の定義の違い」がトラブルの元になることもあります。
たとえば、上司が部下に「資料を木曜日いっぱいに提出するように」と指示したとき、上司は木曜日の就業時間いっぱいのつもりで言っているのに、部下が木曜日の深夜0時（あるいは金曜日の朝イチ）まで、と勝手に拡大解釈してしまう、といったケースも少なくないでしょう。

ロジカルメモで目指すべきゴールを共有すれば、ムダな作業やトラブルは減らせる

いずれも、「ちょっとしたカン違いや思い込み、説明不足、確認不足」が原因となっていますが、それによって生じるデメリットや損失は計り知れません。

作業全体がやり直しになった場合は、最初の作業にかかった時間とエネルギー、コストがすべてムダになります。

周囲の人からの評価が下がることもあるでしょう。

しかし、打ち合わせをしながら、「ここはあいまいだな」「ここはよくわからないな」と感じた部分をその場で解消できれば、こうした問題は起こりにくくなります。

あるいは、打ち合わせの後、すぐに、「わかったつもりになっていたことがないか」「あいまいになっていることがないか」などをチェックしたり、自分の解釈にカン違いや思い込みがないかを確認したりすることで、こうしたリスクを未然に防ぐこ

とができるはずです。

自分が相手の言葉を間違って解釈していたことや、相手の指示ミスなどがわかるかもしれませんし、言葉の定義が自分と相手とで食い違っていることが明らかになるかもしれません。

異なる人格を持つ複数の人間がコミュニケーションをとるとき、そこには必ず行き違いや認識の違いが発生します。

コミュニケーションロスを防ぐベストにして唯一の方法は、共に目指すべきゴール、解決するべき課題を、自分の言葉でできるだけ具体化し、相手に提示し、認識のずれを早めに調整することです。

そうすれば、「やるべきこと」の精度が飛躍的に上がって、ムダな作業やトラブルが減り、やりたいこと、やらなければならないことに、より多くの時間やエネルギーを注ぐことができます。

なお、「Aさんに○○を確認しておいてほしい」「業務の途中でいいから報告がほしい」といったメールの送信に時間がかかる人がいます。

実は私も、つい時間がかかってしまうほうなのですが、それは「間違いたくない」とか「ちゃんと自分で吟味してから」などと、つい思ってしまうからです。

そして、こうした思いに駆られるのは、たいてい忙しさを理由に、ロジカルメモで思考をまとめなかったときです。

「○○を確認」という短い言葉でも、それが何を意味しているかは、ケースバイケースです。

自分自身がまったく情報をまとめていないと、そもそも「○○がわからない」状態となり、ただメールを送るというだけの作業にムダな時間がかかります。

相手の方が立場が上だとさらにプレッシャーがかかるため、時間はどんどん経過していき……相手から「まだ?」と連絡が来たら、アウトです。

ビジネスにおいて、コミュニケーションや意思疎通は、仕事のクリエイティブや仕事の質と同じか、それ以上に重要だと考えましょう。

コラム 2

仕事ができる人のたった一つの条件

「できる人」には共通点がある

私は今まで、仕事でもプライベートでも、老若男女セクシュアリティを問わず、たくさんの人に会い、話を聞いてきました。

その中には、「この人は仕事ができるな」「優秀だな」と思う人、実際にビジネスで成功を収めている人も何人かいたのですが、彼らには一つ、共通点がありま す。

それは、彼らの行動や選択の理由を尋ねたときに、必ず、「～だからです」といった答えが、即座に返ってくること。

「なんとなく決めました」「なんとなく選びました」という答えが返ってくることが、ほとんどないのです。


「今日、何を食べようかな」といった、日常のささいな選択であれば、「なんとなく決める」こともあるかもしれませんが、ビジネスにおける意思決定に関しては、必ず明確で合理的な理由があります。


何らかの課題に対して、必要な情報を集め、整理し、アイデアを生み出し、過去の経験やデータ、世の中のトレンドなどを考え合わせて、それらのうちどれがより良い結果につながるかを決断する。

「できる人」は、こうしたプロセスをスピーディーにやってしまいます。

しかも、そうしたプロセスを、常に自分の言葉で把握しているため、こちらが質問したときに、すぐに答えることができるわけです。

「なんとなく」を多用しすぎると、「考える」ことがヘタになる

一方で、私自身は、行動や選択の理由を尋ねられ、「なんとなく」と答えることが少なくありません。

たとえば、「なんであのショーの最後に血（のり）を吐くことにしたの？」「なんであのショーの途中に手品を入れることにしたの？」と尋ねられたときも、「うーん、なんとなく……？」とか「面白いかな、と思ったから」といった答えを返すことがほとんどです。

実際には、そのような演出を思いついたのは、「過去に自分が観てきたもの、面白いと思ったものを、頭の中で意識的・無意識的に組み合わせた結果」なのですが、「あまり真面目に答えてもつまらないかな」という思いや、気恥ずかしさなどから、つい「なんとなく」という言葉でごまかしてしまうことが少なくありません。

ただ、「なんとなく」という言葉をあまりにも多用していると、少しずつ「自分の考えを言葉にすることがヘタになる」ような気がします。

そして、自分のもやっとした思いを言語化することがヘタになると、「考える」こともヘタになってしまうような気がします。

価値観は人それぞれ、生き方も人それぞれです。

私は、あらゆる行動に明確な理由や裏づけがある人も、逆に、何を尋ねても「なんとなく」と答えるような人の「ユルさ」も好きです（そして、そのような人も、本当はいろいろと考えたうえで、決断を下しているかもしれませんが）。

いろいろな人がいるから、世の中は面白いのです。

でも、「考える力」を磨くため、失わないためには、「なんとなく、という言葉でごまかすのはほどほどにしなければ」「少なくとも自分の頭の中では、できるだけ自分の行動の理由をきちんと考え、分析しなければ」とも思っています。

メモで仮説をつくる

企画力
ヒットの法則
自己分析

第3章

ヒットは仮説から生まれる

ロジカルメモを元に仮説をつくる3つの方法

第3章では、ロジカルメモで得られた思考のコンパスなどを元に、さらに思考を広げ、深めるための3つの方法をご紹介します。

その3つとは、

●新たな企画などをつくるときに向いている「**9マス法**」

●ヒットの法則を見出すのに向いている「ツリー法」
●新しいことややりたいことを発見するのに向いている「グルーピング法」

です。

●新しい商品やサービスを考える
●商品やサービスの売り方を考える
●目標を達成する

といったビジネスにおける課題や、

●これからどう生きたいか
●家庭で起こった問題を解決する
●趣味や余暇の時間を充実させる

など、プライベートを充実させたいときにも、この3つの方法は役に立つはず。

「仮説をつくる」をどんどん繰り返そう

ビジネスでもプライベートでも、何らかの課題を解決する際に必ず必要になるのが、仮説をつくることです。

課題に関する情報を集め、それを元に、「こうアプローチすればいいのではないだろうか」「こうすれば解決するのではないだろうか」といった、「仮の答え」をつくること。

それが、仮説をつくることです。

なお、仮説をつくるのは、それほど難しいことではありません。

あくまでも仮の答えですから、荒唐無稽でもいいですし、たとえ間違いだったとしても、何の問題もありません。

「正解に近いものを出さなければ」などと思わず、自由に考えてみてください。

ただ、ちょっとしたヒントがあると、仮説の精度がぐっと上がります。

たとえば、『3000円投資生活』シリーズをつくったときのこと。

企画段階で、私たちは「どのような投資の本を出したらいいんだろう」と、さんざん頭を悩ませました。

「投資をしたほうがいいのはわかっているけれど、ハードルが高い」「お金を増やしたいけれど、何からやればいいかわからない」という人が多いのはわかっており、「投資のハードルを下げる」という方向性は決まっていたものの、それだけで、本当に多くの人に喜んでいただけるものになるのか、確信が持てなかったのです。

そんな折、私は、ネットである記事を発見しました。

それは、「ＮＩＳＡ口座を開設した人のうち、約半数が一度も取引をしていない」

という記事でした。

やったことがある人ならおわかりだと思いますが、２０１６年当時、ＮＩＳＡ口座の開設手続きは、郵送で何度もやりとりをしなければならないうえ、何週間もかかるという、かなり面倒なものでした。

しかし、そこまで面倒な思いをして口座を開設したにもかかわらず、実際に取引をした人は半分ほどだったのです。

そこでふと思いついたのが、「投資のハードルを下げる本」という仮説に、「投資を始める直前まで来ている人の背中を押す本」という仮説を加えたらどうだろう、ということでした。

「投資のハードルを下げる」だけだと、「カンタン」「気楽に」といった、ありふれたキーワードしか思いつきませんが、「投資を始める直前まで来ている人の背中を押す」ということであれば、キーワードは変わります。

また、NISA口座を申し込んだ人たちの大多数は、決して特別なお金持ちではなく、日々、節約をしながら、余ったお金を貯金や投資に回している、私たちと同じような、ごく「普通の人たち」のはずです。

そこに気がついたとき、誕生した仮説が、「投資に生活感を持たせ、『生活の中でできる金額はいくらか』を伝えていけば、そうした人たちの背中を押せるのではないか」というものでした。

こうして、『3000円投資生活』というタイトルができあがったのです。

この本は、2017年度ビジネス書年間1位になり、シリーズ累計部数は80万部に達しましたが、もし、ちょっとしたヒント、つまり「NISA口座を開設した人のうち、約半数が一度も取引をしなかった」(つまり、やりたいけどやれなかった)という記事がなければ、生まれなかったかもしれません。

仮説は、つくればつくるほど、思いがけないアイデアにたどりつくことがあります。あるいは、仮説をつくり、「そこに加えられるヒントや、それに新しい仮説はないか」を考え続けると、発想はどんどん磨かれ、素晴らしいアイデアになっていきます。

ちなみに、仮説をつくるとき、過去のロジカルメモを参考にする方法もあります。

ふだんからロジカルメモをつくっておけば、仕事で成功した体験や、あなたを成功に導いた思考の道筋（何をどう考え、実行したか）が、すべてメモの中に残されます。

人は、新しい仕事や困難に出会うと、つい「新しいやり方でクリアしなければならない」と思いがちですが、実は、新しい仕事の中にも、過去にクリアした要素がたくさん隠れています。

ですから、新しい仕事に取り組むときは、過去に自分がどんな仮説で仕事を成功に導いたかを検証してみましょう。

あるいは、アイデアが出なくて困ったときや結果が出ないとき、難しい仕事に遭遇したときも、過去の自分がどのように困難を乗り越えたのかを見直しましょう。

ロジカルメモであなたの思考の道筋を残しておくことは、5年、10年、20年と、あなたを支える財産になるはずです。

さて、前置きが長くなりましたが、これからご紹介する3つの方法を使えば、誰でも自由自在に仮説をつくれるようになります。

ぜひ試してみてください。

仮説のつくり方 **1**

「9マス法」

企画やアイデアのもとをつくるのにおすすめの9マス法

3つの方法のうち、最初にご紹介するのは「9マス法」です。

これは、その名の通り、9つの四角（マス）を使う発想法で、「企画やアイデアを求められることが多い」という人や「発想の幅を広げたい」という人に、特におすすめです。

たとえば、みなさんの中に、次のようなことで悩んでいる人はいませんか？

●「商品の売上げを伸ばす方法を考えるように」と言われても、「訴求《そきゅう》効果の高い広告をつくる」「店舗営業を強化する」など新鮮味のないアイデアしか浮かばない。

●「他社の商品がヒットした理由を分析するように」と言われても、分析のやり方がわからない。難しい。

私自身、いつも企画・アイデア出しには苦しんでいました。

「本の企画を考えてほしい」「本を売るためのアイデアを出してほしい」と言われても、エンタメ関連、LGBTQ関連など、自分の興味のある範囲、得意な分野の企画しか考えられなかったり、誰でも思いつきそうなアイデアしか出せなかったり。

一生懸命考えているつもりなのですが、いわゆる「自由な発想」がなかなかできないのです。

そんな人はぜひ、9マス法をやってみてください。

9マス法は、0からものを考え出すのに向いています。

また、9マス法を使えば、ものの見方が変わり、発想の幅が広がり、たくさんのアイデアや仮説をつくることができます。

「テーマ×サブワード」で思いついた言葉を書いていくだけ

なお、発想法や思考法について書かれた本やネット記事では、よく9マス法（「マンダラート」「マンダラチャート」ともいいます）が紹介されています。

一般的な9マス法は、「縦3マス×横3マスの9マスの格子の中央にメインワードを書き、周りの8マスに関連ワード、連想ワードを書く」「周りの8マスに書いたワードをそれぞれ新たな格子の中央に転記し、やはりその周りの8マスを埋めていく」というもので、1987年にグラフィックデザイナーの今泉浩晃《ひろあき》さんによって考案されました。

アイデアの量を増やしたりブラッシュアップしたりするうえで効果的だといわれて

おり、プロ野球選手の大谷翔平さんは高校1年生のとき、「ドラフト1位　8球団」という目標を達成するためのマンダラートを作ったそうです。

しかし、私が紹介する9マス法は、それをベースにしながら、少しアレンジを加えたものです。

まずは、やり方を説明しましょう。

【アレンジ版・9マス法のやり方】

①考えるべきテーマを書く。

紙の一番上に、考えるべきテーマを書きます。

ロジカルメモの文章化ゾーンにまとめた文章や、思考のコンパスをそのまま書いてもかまいませんし、「○○（新商品）が売れるためのキャッチコピー」「○○（人気商品）がヒットした理由」などのテーマを設定してもいいでしょう。

②３×３の格子を書く。

ふつうの９マス法では、正方形のマスを書くことが多いのですが、ここでは短い文章が入る程度のマスを縦に３つ、横に３つ並べて書いてください。小さいふせんを縦に３つ、横に３つ並べてもいいでしょう。

③異なるサブワードを３つ書く。

適当なサブワードを３つ、格子の左横に、縦に並べて書きます。

④マスを埋める。

テーマ×サブワードの掛け合わせで連想したことを、短い文章で、どんどんマスに書いていきます。

⑤まとめを書く。

９マスすべて埋まったら、格子の下にまとめを書きます。

まとめは一つだけでなく、「このマスとこのマスを組み合わせたら、こういう結論が考えられる」といった具合に、思いつくままにどんどん書いていきましょう。

「アレンジ版・９マス法のやり方」は以上ですが、１５３ページの図を見ていただいたほうが、わかりやすいかもしれません。

「いいアイデアを書かねば」「きちんとまとめなければ」「正解を出さなければ」など肩に力が入ると、思考が止まってしまいがちです。

難しく考えず、９マスを埋めるときもまとめを書くときも、発想を自由に広げるためのトレーニングだと思って、軽い気持ちでトライしましょう。

最初はうまくいかなくても、何度かやっているうちにコツがつかめてくるはずです。

サブワードは幅広く、たくさん用意する

なお、9マス法のポイントは、オーソドックスなものから、「これを掛け合わせたらどんな結果が出るだろう」とワクワクするようなものまで、幅広くたくさんのサブワードを用意することにあります。

設定したテーマが「『鬼滅の刃』がヒットした理由」であれば、「感動」「言葉」「ビジュアル」といった要素を並べてもかまいませんし、読者の年齢層を「10代」「20代」「30代」と分け、それぞれの世代における「ヒットの理由」を考えてみてもいいでしょう。

もし行き詰まったり、サブワードが思いつかなかったりした場合は、102ページで紹介した「サイコロ法」を使ってみてください。

タイトル・テーマ

［「鬼滅の刃」ヒットの理由］

サブワード❶ 感動	家族、兄弟の愛	生きることの素晴らしさ	喜怒哀楽がはっきりしていて共感しやすい
サブワード❷ 言葉	悩んだ時やつらい時の励みになる	今の自分にも当てはまるような言葉がある	きれいな日本語がたくさん使われている
サブワード❸ ビジュアル	主人公がかっこいい、かわいい	グロくなくて女性も好きそうなテイスト	マネしたくしなるような服装

【仮説】

登場人物、それぞれの生き方、考え、
言葉が深くまっすぐ生きるカッコよさがある。
背中をおされる

「守りたいもののために生きる、戦う」ことの
素晴らしさが子どもにわかりやすく
描かれているためヒットした

また、一つのテーマに対し、9マスを一つ作っただけで満足するのではなく、できるだけたくさんの9マスを作ってみましょう。

たとえば、

組み合わせ①「感動」「言葉」「ビジュアル」

組み合わせ②「10代」「20代」「30代」

組み合わせ③「限定感」「納得感」「お得感」

このように、サブワードの組み合わせが変わることで、まったく違うアイデアが出てくることがあります。

9マス法で、ヒット作を分析し、アイデアを生み出す

「9マス法は、0からものを考え出すのに向いている」と書きましたが、アイデアの多くは模倣《もほう》から生まれます。

ヒットした商品を分析し、それがなぜ売れているのか、そこにどのような要素を加

えれば、新たなヒット商品が生まれうるのか。

そうした分析を行い、新たな価値を見つけ出すうえでも、9マス法は非常に有効なのです。

また、9マス法は、「新商品や新サービスの企画」「自社や他社の商品・サービスがヒットした理由の分析」以外にも、

●商品やサービスの営業・販売戦略
●目標設定
●目標達成に必要なこと
●自己分析
●社会問題の分析
●自分がやりたいことは何か
●「幸せとは何か」といった問い

などについて具体的に考えるときに、役に立つはずです。

どのような物事にも、さまざまな側面があります。

たとえば、私には、ライターであり、ドラァグクイーンであり、両親にとっては息子であり、いち納税者であり……といった顔があり、どの顔に焦点をあてるかによって、私という人間の印象はまったく違ってくるでしょう。

同様に、「鬼滅の刃」という作品にもさまざまな側面がありますし、社会問題や事件なども、角度を変えれば見え方が変わってくるでしょう。

9マス法は、一つの物事を一つの側面だけから見るのではなく、できるだけ多くの角度からとらえる方法です。

そうすることで、一面から見ていただけでは気づかなかったことに気づいたり、思いもよらなかったアイデアが生まれたりしますし、立てられる仮説のバリエーションも広がります。

ただ、「いくつもの角度から考え、思考を深めるんだ」と頑張りすぎると、かえって収拾がつかなくなります。

ですから、一度に3つの角度から考えるくらいがちょうどいいように思います。

この9マス法は、気軽にできるうえ、いつも自分が思ってもいなかった仮説がつくれる点、気づきがある点が、私は特に気に入っています。

仮説のつくり方 2

「ツリー法」

連想ゲーム感覚で、やりたいこと、ヒットの法則が見えてくる

次にご紹介するのは「ツリー法」です。

これは、思考をツリー状に整理し、展開していくという思考法で、特に「ヒットの法則」「ヒットするための道筋」を見つけ出すのに向いています。

さっそく、やり方を説明しましょう。

【ツリー法のやり方】

①テーマを書く。

一番左端に、思考のテーマを書きます。やはり、ロジカルメモでつくった思考のコンパスをそのまま書いてもかまいませんし、新たにテーマを設定してもいいでしょう。

②第1階層を書く。

出発点から複数の枝を伸ばし、テーマから思い浮かぶこと、連想される言葉などを書いていきます。

③第2階層を書く。

第1階層の項目からさらに枝を伸ばし、思い浮かぶこと、連想される言葉などを書いていきます。

第2階層については、すべての項目に枝をつけるのではなく、まずは「優先度の高いもの」「効果が高いと思われるもの」を選んで、掘り下げていきましょう。

なお、思考のツリーは、紙に直に書いても良いのですが、各項目を小さなふせんに書き、ツリー状に貼っていくのもおすすめです。

項目が多くなりすぎたときや、似たような項目をまとめたいときなど、わざわざ消して書き直さなくても、はがしたり、新たなふせんに貼りかえたりするだけで整理できるからです。

ツリー法は思考のフレームワークの一つですが、さまざまな可能性を模索《もさく》するのに向いている気がします。

こんなアイデアで、こんな方向で、こんな思いに基づいて、などルールを特別設けずに自由に使うと楽しめます。

「ツリー法のやり方」は以上ですが、次ページの図を見ていただいたほうが、わかりやすいかもしれません。

これは、『ロジカルメモ』をベストセラーにしたい」という、まさに今、私が直面している問題をテーマとしたツリーです。

第1階層には、まず、「SNSで告知をする」「インフルエンサー（に宣伝をお願いする）」「実践者の声を集める」など、思いつくプロモーションの方法をいくつか挙げてみました。

そのうち、「これについて、もう少し掘り下げて、具体的に考えてみよう」と思ったものを、第2階層に書いていきます。

いったい私たちは、どの要素に着目したか……。

答えは、今後の販売方法を見て、おたしかめください。

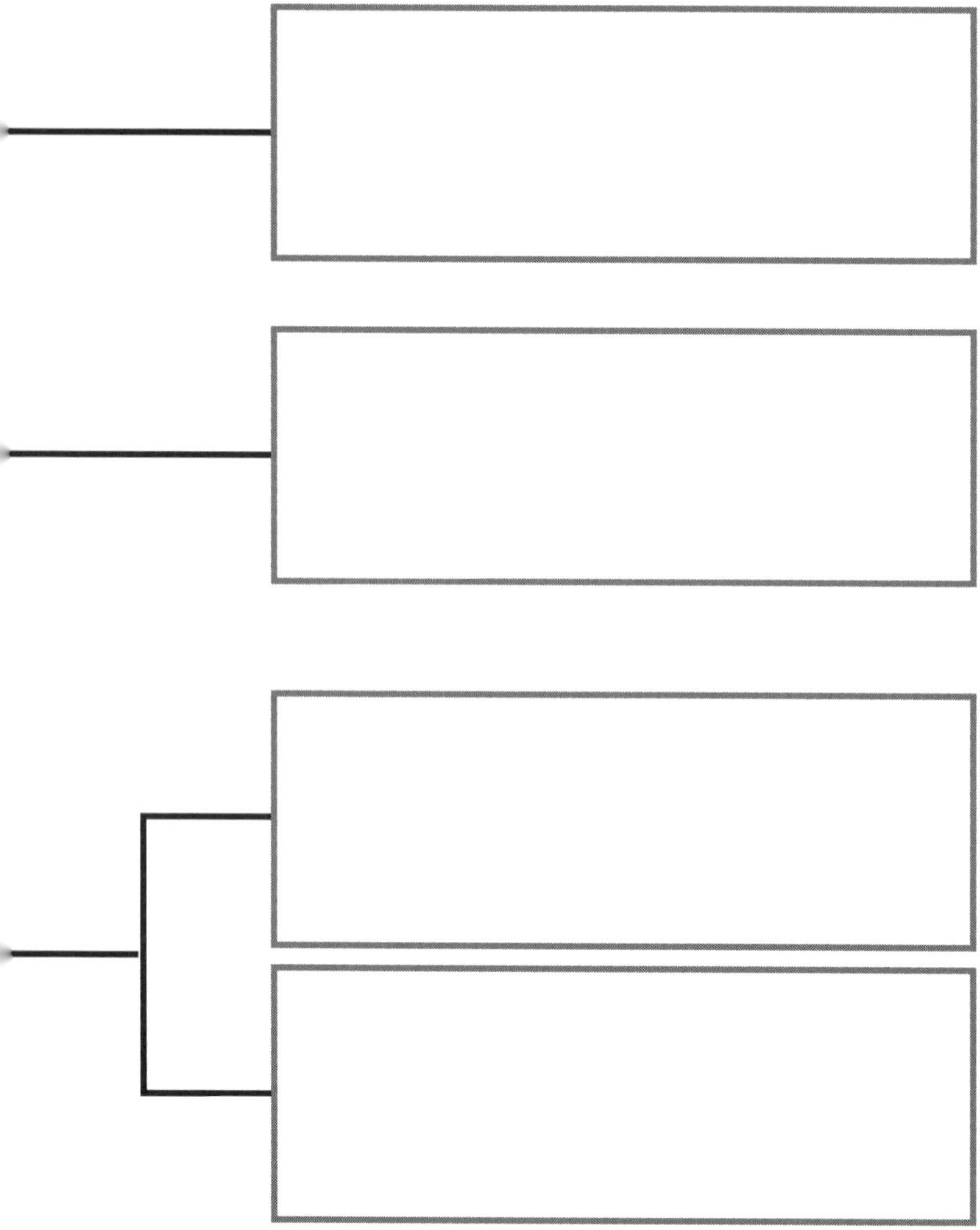

◎とにかく思いついたことから書いてみよう

ツリー法

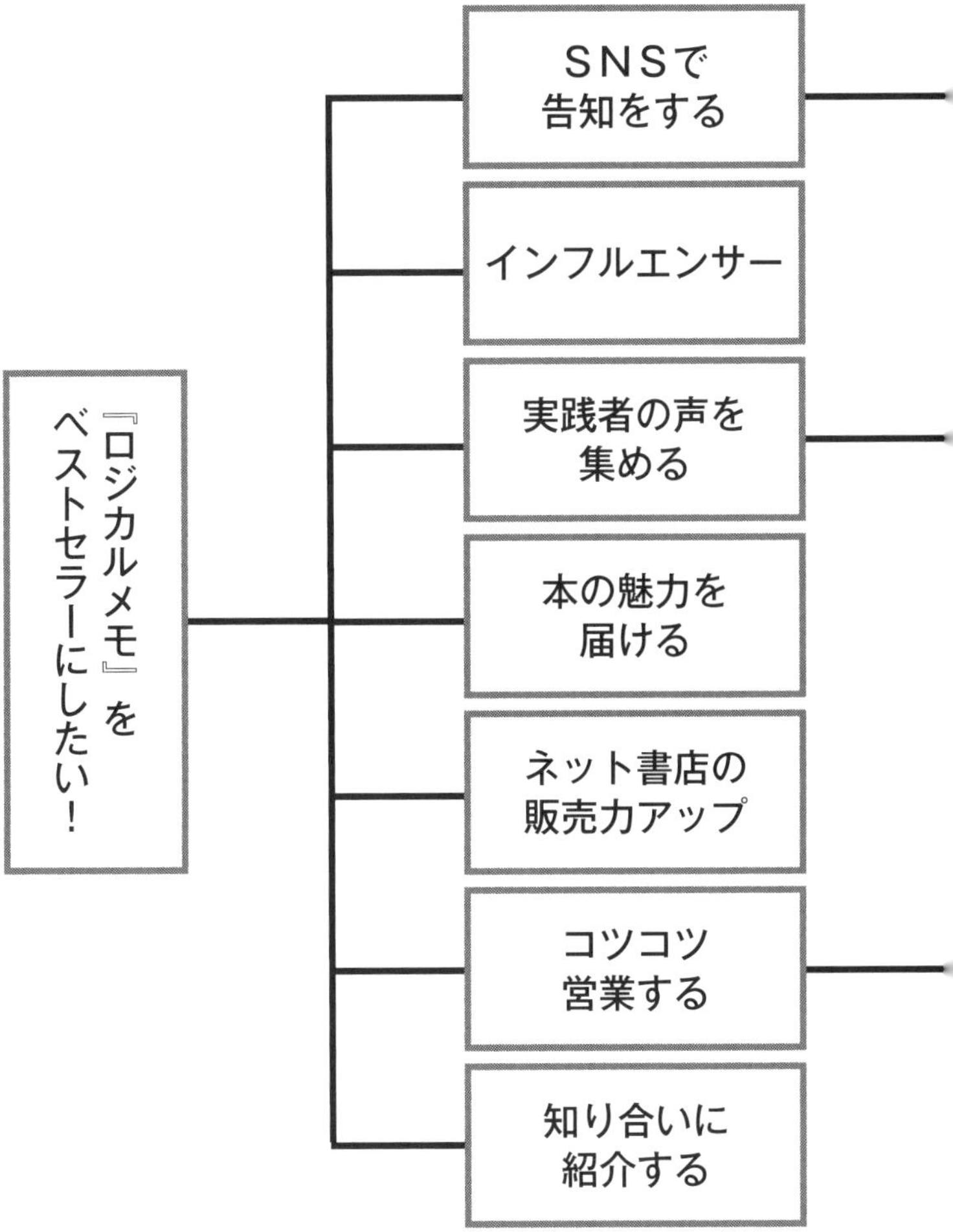

ツリー法なら、まだ気づいていない仮説を探し出せる

ツリー法を使うと、思考の道筋を視覚化できるため、

- その道筋を掘り下げていくと、どのようなメリット・可能性があるか
- 自分たちがまだ気づいていない仮説が隠れていないか
- 自分たちがまだ試していない道筋はないか

といったことが明確になり、ヒットの可能性を見つけやすくなります。

また、ツリー法を使うと、連想ゲーム感覚で考えを深めていくことができるため、ビジネスでもプライベートでも、「やりたいこと」を見える化するうえで非常に有効です。

たとえば、「子どもと楽しむ夏休みの計画」「一人旅の行き先」「やってみたい仕事」「100万円あったらなににつかうか」といったテーマについて考える場合も、ツリー法で深めると、考えがどんどん具体化し、新しいアイデアにぶつかるはずです。

一人で考えていると、どうしても頭の切り替えが難しいことがあります。

私も、仕事に追われ、あまり余裕を持って物事を考えられないと、本当はCやDといった選択肢もあるのに、つい「AかBか」といった狭い範囲の選択肢に縛られてしまうことがあります。

そんなとき、ツリー法で、今、自分が直面している課題や考えていることを整理すると、いくつもいくつも道筋が広がっていき、「まだこんなに考える余地があったのだ」と気づかされます。

仮説のつくり方 3

「グルーピング法」

テーマから思いつくことを、ひたすら付箋に書き込んでいく

最後にご紹介するのは「グルーピング法」です。

これは、あるテーマについて、思いつくことをふせんに書き込み、それをさまざまなサブテーマごとにグループ化するという方法で、新しいことややりたいことを発見するのに向いています。

やり方はごく簡単。

まず、テーマから思いつくことを、小さいふせんにどんどん書き込みます。

たとえば、「より自分の人生を充実させるにはどうしたらいいか」というテーマであれば、「自分に合う寝具を揃《そろ》え、質のいい睡眠をとる」「できるだけ家族で食事をとる」「家族でたくさん旅行し思い出をつくる」「営業成績を上げる」「積極的に企画を出す」「スポーツジムに通い、健康を維持する」「楽器を弾けるようになる」「居心地のいい家や部屋をつくる」などが思い浮かぶでしょう。

書いているうちに、「人生を充実させるために、もっとお金が必要だ」と感じたら、「節約術を学ぶ」「ムダな支出を減らす」「副業をする」「投資について調べる」などが追加で入ってくるでしょうし、時間が足りないと感じたら、「ダラダラと過ごす時間をなくす」「スキマ時間を上手に利用する」なども入ってくるでしょう。

ふせんに書く文章は短く、でも「よく寝る」「家族を大切にする」といった漠然とした内容で終わらせず、できるだけ具体的に書いていきます。

もし行き詰まったら、9マス法やサイコロ法などを使い、頭をどんどん切り替えて、材料を増やします。

サブテーマに沿ってグループ化し、新たな気づきを得る

思いつきを書いた小さいふせんがある程度できあがったら（最低でも20個くらいはあったほうがいいでしょう）、サブテーマをいくつかつくり、グループ化していきます。

先ほどのテーマであれば、たとえば「今すぐできること」「将来の夢」「自分一人で取り組むこと」「家族で取り組むこと」「お金が必要なこと」「実現が難しいと思うこと」などのサブテーマをつくって、あてはまりそうなものを集めます。

グループ化できたら、それを眺めながら、「ほかに足りない要素はないか」「何が課題になるか」「実現させるにはどうしたらいいか」などを考えます。

すると、「時間を有効に使うために、判断力を磨《みが》こう」「もっとお金を稼ぐために転

職しよう」「ほかの人の役に立つこともしたい」など、新たにやるべきこと、やりたいことが見えてきたり、「判断力を磨くためにはどうしたらいいか」「転職するためにはどうしたらいいか」「どんなボランティア活動がしたいか」などと考え始めたりするようになるかもしれません。

そうした新たな発見も、追加でどんどんふせんに書きとめていきます。

このように、グルーピング法を使うと、自分の感情や問題点が整理でき、それまで漠然としていたことが具体化したり、やりたいことの優先順位が明確になったり、新しい自分を発見できたりします。

もちろん、新たな企画を考えたり、自己分析やヒット商品の分析を行ったりする際に、グルーピング法を使ってもいいでしょう。

ぜひゲーム感覚で試してみてください。

コラム 3

「世の中の常識」を疑おう

考える技術を知ることで、手に入るもの。

それは、「常識」を疑う力です。

私は物心ついたときから、「同性が好きな自分」に気づいていました。

しかし同時に、その気持ちを、誰にも気づかれてはいけないと思い込んでいました。

知らず知らずのうちに、世の中では「男性は女性を、女性は男性を愛するのが当たり前だとされていること」を感じ取っていたからです。

高校生ぐらいまでの私は、自分の「本当の気持ち」を心の中に秘め、自分のセクシュアリティ（性的指向）や「将来、どのように生きるか」について、真剣に考えることはありませんでした。

考えても容易に答えが出ないこと、考えた結果、「それまでの自分」ではいられなくなるような、大きな決断をしなければいけないことがわかっていたためだと思います。

受験勉強など、目の前に「やらなければならないこと」があるのをいいことに、私は自分のセクシュアリティや将来ときちんと向き合うことから逃げ続けました。

セクシュアリティのことで悩み始めたのは、大学1年生のとき。

今と違って、当時はインターネットもなく、携帯もスマホもなく、「LGBTQ」に関する書籍もそれほど多くはなく、カミングアウト（自分がセクシュアルマイノリティであると公言すること）している当事者もあまりいませんでした。

メディアに出てくる同性愛者はいましたが、身のまわりに、自分以外にゲイがいるなどとは想像もできず、私は「周りの友だちはどんどん自分の家庭を作っていき、自分は誰とも恋愛せず、一人で生きていくのか」と、とてつもない孤独感に襲われるようになりました。
「こんな人生は、早く終わらせてしまいたい」と、真剣に「死ぬこと」を考えたことも、一度や二度ではありません。

転機が訪れたのは、20歳のときでした。
一人で悶々と悩むことに限界を感じていた私は、勇気を出して、初めて新宿二丁目を訪れ、さらには、ある真面目なゲイのグループにも参加し、生まれて初めて、ゲイの友人ができました。

そして、「ゲイの人たち」が、「同性が好きだ」という一点を除けば、これまで出会ってきた人たちとまったく変わらないという当たり前の事実に気づいたのです（自分自身も同性が好きなのに、おかしな話ですが）。

何も隠すことなく「好きなタイプ」や恋愛についての話、将来の話ができる友人を得たことで、私はようやく、「男性は女性を、女性は男性を愛するのが『普通』である」「異性と結婚し、家庭を作ることこそが幸せである」という、自分の中にすりこまれていた価値観や常識から解放され、同性が好きな自分を肯定し、受け入れることができるようになりました。

大学で「社会学」を専攻していたのも、私にとっては幸いでした。

そもそもは、「ほかにすごく学びたいことがあるわけじゃないし、社会問題について考えるのは嫌いじゃないし」という、非常に浅く漠然とした動機で選んだ学部でしたが、所属したゼミの担当教授が「社会学は、人が、知らず知らずのうちに自分を縛りつけている固定観念や先入観、『常識』などから解放され、より自由に生きられるようにするための学問である」という考え方の持ち主でした。

その教授の下で学ぶ中で、私は、「社会」によって、自分の中に知らず知らずのうちに植え付けられていた価値観に気づき、それまで当たり前だと思い込んでいたことの中に、「本当は当たり前ではないこと」がたくさん混じっていることを知りました。

もちろん、今の社会の常識やルールを完全に無視することが正しいとは思いません。

しかし、それらは、絶対的に正しいものでもありません。

常識やルールによって、自分自身ががんじがらめになり、「死んでしまいたい」と思うくらいなら、ときには手放してしまってもいい、心の中でNOを突きつけてもいい、と考えられるようになったのです。

これまでさまざまな人と出会い、さまざまな仕事をし、さまざまな経験をし、おかげさまで楽しく充実した人生を送ってくることができましたが、それもすべて、自分を受け入れたことによって、可能になったような気がします。

もし、「世間の価値観」を疑うことなくそのまま受け入れ、そこに合わない自分に引け目を感じたり、無理にそこに自分の生き方を合わせたり、といった生き方を続けていれば、私の人生はまったく違ったものになっていたでしょうし、今ほど、生きる喜びを感じることや、さまざまなめぐり合わせに感謝することはなかったかもしれません。

そして、自分を受け入れるために大事なのは、自分自身の頭で考えることです。世の中で当たり前だとされていることや、先入観、思い込みは、しばしば人の思考を縛り、盲点を作り、人を不自由にします。

私たちが自分の人生を歩むためには、そうしたものにとらわれすぎず、自分で考え、自分で手に入れた価値観にのっとって生きていく必要があるのです。

メモで結果を引き寄せる

仕事
やりたいこと
夢

結果を出すために、あえて働かない

本筋と離れるようですが、結果を出すためには、「あえて働かない」ことも、実はとても大切です。

「あえて働かない？」「どういうこと？」「それじゃ食べていけなくなる」

そう思われるかもしれませんが……。

私は声を大にして言いたいのです。

そもそも私たちは、働きすぎではありませんか？

昔から「日本人は働きすぎだ」とよく言われます。

いや、私も海外の事情に詳しいわけではないのですが、たとえば、イタリアに住んでいた人から「イタリア人は、会社員でも、平日の夜にオペラを楽しんでいる」などという話を聞くと、「いいな……」と思ってしまいます。

私はフリーランスなので、収入が減ることを覚悟すれば、いくらでも「仕事をしない」という選択をすることは可能です。

しかし、会社勤めをしていると、そういうわけにはいきませんよね。

この世の中、情報も、やらなければいけないこと、考えなきゃいけないことも多すぎます。

日中の勤務時間は、打ち合わせや、上司やクライアントからの指示への対応、やらなきゃいけない作業に追われ、それ以外の時間も、メールやＬＩＮＥの返信、ＳＮＳ

のチェックなどしていたら、あっという間に時間がたってしまいます。

新商品やサービスの企画、売上げを伸ばすための作戦、業務効率化のアイデアなどを考えたいと思っても、なかなか時間や気持ちの余裕がないという人は、少なくないでしょう。

ですから、ここで、あえて

「働かない」

という提案をしたいと思います。

働かずにアイデア、結果をだす、すごい方法がある

これは次の項目でご紹介する「なんちゃってカラーバス法」とも関係してきますが、

実際にパソコンの前に座っていなくても、「考えるぞ!」とわざわざ時間をとらなくても、思考を深めアイデアを出すことは可能です。

むしろ、「働いていない時間」にこそ素晴らしいアイデアがわくことがあります。

もし、ふつうに生活しているだけで、自然とアイデアがわいてくれれば、どれだけ楽になるでしょうか。

喫茶店でコーヒーを飲んでいるだけで。
友人と食事をしているだけで。
日曜劇場を観ているだけで。

仕事に必要なアイデアがわいてきたら。
それほど素晴らしいことはありませんが、実はこれが、実現できるのです。

なぜあえて働かないことがいいのか

みなさん、こんな経験はないでしょうか。

やらなきゃいけない作業やメール、ＳＮＳ、情報から離れてのんびりしているときに、あの件は……とアイデアが浮かんだり。

これは、インプットから離れることで、頭がアウトプットしやすい状態へ移行したために起きている現象です。

もし、電車に乗っているとき、トイレに座っているとき、ふとしたときに「あれ、どうだろう」と浮かぶようになれば、ただ生きているだけで仕事が終わってくれます。

考える苦痛や長時間の労働から解放され、私たちは自由な時間を手に入れられるのです。

そのために、必要な準備は、ロジカルメモで「考えることを一つか二つに絞っておく」ことだけです。

特に、第1章の58ページでご紹介した思考のコンパス、ふせんに書いたものだけを考えればいいというマインドをセットしましょう。

「私はこれだけを考えればいい」という状態にする。

あれもこれもとメールを送ってくる上司や同僚から「頭だけ切り離す」。

そして、心を落ち着けて「来たものを何でも正確にこなさなければいけない」というプレッシャーから一時的にでもいいので解放されてください。

私は「結果を出すために、あえて働かないのだ」と。

その準備ができたら、次のページを開いてください。

働かずに結果を引き寄せる「なんちゃってカラーバス法」

意外とやっている人は多いです

この方法は、加藤昌治さんが２００３年に出版された『考具 ―考えるための道具、持っていますか？』（ＣＣＣメディアハウス）で紹介された「カラーバス法」をヒントに実践しているもので、

名づけて「なんちゃってカラーバス法」です。

『考具』では、カラーバス法について、「カラーをBATH（浴びる）ことから、色を浴びる、つまり色に注目すると意識することで、いろいろなものが自然と見えるようになる」「色に限らず、自分が気になっていることに関する情報は、なぜか向こうから目に飛び込んでくる気がする」と説明しています。

今から17年前に書かれた本ですが、この方法は実際、仕事をする中でとても役に立ちます。

私の場合、最初は、文章がうまくなりたいという思いから、道を歩きながら、駅で、電車の中で、良い文章やかっこいいキャッチコピーを探すようにしていました。

気になったものをメモに取り、また街を歩いて。

そうしているうちに、たしかに加藤さんがおっしゃるとおり、「ただ無意識で街を歩いていると気がつかなったことに気がつける」ことに気がついたのです。

これは、本当に目からウロコでした。

勉強するためには、本を読んだり、パソコンの前でウンウンうなったり、時間をとにかく使わなければいけないと思い込んでいた私は、「ただ、生活をしているだけで、ヒントが手に入る」という事実に驚いたのです。

それこそ、スーパーに買い物をいっただけでもキャッチコピーはあふれています。すべての商品にキャッチコピーがついているのですから、メモしきれないほどです。

これを、もっと仕事に手軽に生かしたい。

そう思い、考えたのが「なんちゃってカラーバス法」です。

「なんちゃってカラーバス法」のやり方

「なんちゃってカラーバス法」のやり方は、基本的には加藤さんのカラーバス法と同じです。

自分が考えなければいけないことを、1つ頭に強くインプットする。

そして、そのことを時々考えながらふつうに暮らす。


ただそれだけですが、1つポイントがあります。

忙しいと、昼夜、「考えなければいけないこと」で埋め尽くされてしまうので、「これはカラーバス法で考える。だから、日中の仕事の時間では考えない」と決めてしまうことです。


ある意味カラーバス任せにして、「自分は関係ない」と無視してしまうのです。

そう決めると、不思議と「あれを考えなければ……」というプレッシャーが抜け、気が楽になります。

「カラーバス法に任せたのだから、自分は知らない！」というくらいでかまいません。

そして、そのことについては考えない（働かない）と決めてしまいます。

本当にそれでアイデアが浮かぶのか

アイデアはこれで浮かびやすくなります。

特に難しい難問、重たい課題ほど、カラーバス法任せにする方法はアリです。

ただし、適当なインプットだと忘れてしまうので、まずロジカルメモで考えを整理して自分ごとに引き寄せ、「これは最重要課題だ」と思えるものでやってください。

この「働かずに考える」という方法は、ある意味、「ずっと考える」という方法でもあります。

一日に数回、数分、街を歩きながら「インプットしたキーワード」にぶつかったとき、自動で頭は動き始めます。

生活の中で、少しずつ、少しずつヒントを集めていき、思考を深めていくのです。

パソコンの前に座り、働いているよりも、実際は長い時間、「最重要課題について考えている状態」に近いかもしれませんが、やっている方としてはふだん通り生活をしているだけなので、何の負担もありません。

「あ、またヒントが集まった。ラッキー！」くらいなものです。

そうして生活の中からかき集めた「ヒント」を使って、アイデアへと昇華させます。

「ふとしたときにアイデアが浮かんだ！」という経験はみなさんあると思いますが、それを意識的にやってしまうのです。

くり返しになりますが、一度、ロジカルメモで「自分が考えるべき重要な課題だ」と、自分ごとにして強くインプットする。

それだけで「働かずに結果を出す」ことができます。

これは、複数の「考えること」をインプットしてもできるようです。

2つ、3つとインプットし、ヒントを集めるようにして暮らすと、仕事の中の重たい部分がかなり抜けてくれるので、本当に重宝しています。

ロジカルメモ×「なんちゃってカラーバス法」が最強

私は、このロジカルメモと「なんちゃってカラーバス法」の組み合わせが、最高のパフォーマンスを出し、最速で仕事を終わらせる方法だと考えています。

たとえば、打ち合わせの後、ロジカルメモで頭を整理し、思考のコンパスをつくったら、駅まで歩いている間にヒントが見つかるということもあります。

家に帰ったとき、ふと目にした本や見ていたテレビからアイデアをもらうこともあります。

やがて、お風呂の中で、トイレの中で、慣れてくるとどんどんアイデアが浮かぶようになってきます。

浮かんだアイデアをメモする。
集まったヒントから、思考を深める。

まるで自分がアイデアマンになったような気がします。

実際に、編集者に聞いてみると、同じように「なんちゃってカラーバス法」によって、考えることやアイデア出しを自動化している人はたくさんいます。
「働いているとき（作業をしているとき）はアイデアが浮かばないよ」という人もおり、やはり、散歩や電車などの移動中にアイデアが出る人が多いようです。

「働かずに結果を出す」のタネ明かしは、いかがだったでしょうか。
「結局、働いているんじゃん！」と思った人もいるかもしれませんね。
でも、仕事の時間以外で、仕事が終わるのは間違いありません。
ぜひ、この最高の組み合わせを試してみてください。

言葉にするから夢は叶う

言葉にすると、本当に夢は叶うのか

「言葉には言霊がある」「言葉にすると、夢は叶う」というフレーズ。みなさんも、おそらく耳にしたことがあるのではないでしょうか。

私自身、「言霊はある」と思っているのですが、一方で、「本当に叶えたいことは、口に出さないほうがいい」とも言いますよね。

気になって、ちょっと調べてみたところ、たとえば、『図解　モチベーション大百科（池田貴将編著、サンクチュアリ出版）には、

●ポジティブな空想は、人をリラックスさせる。と同時に人の行動力を奪う可能性がある（夢を語ると夢が叶いにくい）。
●どんなに合理的な考えを持つ大人でも、ひとたびある考えを信じると、意識的にその裏付けを探そうとする性質がある（言葉にすると夢が叶いやすい）

という、2つの説が書かれていました。

また、『言葉の力を高めると、夢はかなう』（サンマーク出版）の著者である渡邊康弘さんは、「手で夢を書くと、多くの脳の神経を使うため、脳の血流が増え、脳は目の前のこと（書き出している夢）を現実だとみなし、夢が叶いやすくなる」とおっしゃっています。

結局、どちらが本当なのか、正確なところはわかりませんが、一つ言えるのは、「自分の言葉で言語化しないかぎり、人は、『自分がどのような夢を持っているか』を、なかなか自分で把握できない」ということです。

軽い気持ちで、どんどん夢を書き続け、言葉にしていこう

何度かお伝えしてきたように、頭の中にもやっと存在している状態では、思いも、夢や希望も、はっきりと確認しづらく、客観的に眺めることもできません。

言葉にしたとき、文字に書いたときに、初めて明確な形を伴って現れるのです。

そして、おそらく心（脳）は、自分が発した言葉、自分が書いた文字を見て、「そうか、自分はこれを実現したいのか」と確認し、実現に向けての準備を始めるのではないかと思います。

さらに、夢を叶えるには、他者の協力が不可欠ですが、言葉にして伝えなければ、夢の実現のため、まわりの人に協力してもらうこともできません。

ちなみに、恥ずかしながら、私は子どもの頃から「将来は、ものを書く仕事をする」「でも、歌を歌う仕事もしたい」などとまわりの人に言っていました（大人になってからは、言う相手と時と場所は選んでいましたが）。

ライター・エディターとして仕事ができるようになったのも、40歳を過ぎてから脚本で賞をいただいたり、すごい先生方に曲をつくっていただいたり、といった、びっくりするような出来事が自分の身に起こったのも、もしかしたら、幼少期からの言霊のおかげではないかと思っています。

ですから、私個人としては、みなさんにも、自分の夢、実現させたいことをどんどん言葉にしていくことをおすすめします。

「まわりの人に伝えるのが恥ずかしい」という場合は、まずメモに、具体的に言葉で書き出してみましょう。

それを思い出したときに眺めるだけでも、気の持ち方が少しずつ変わってくるはずです。

コラム **4**

ライター直伝。「文章力を上げる」方法

「書いたものが、他人にとってわかりやすいか」を常に考える

このような仕事をしていると、よく「文章って、どうすればうまく書けるようになりますか？」と尋ねられます。

私の文章がうまいかどうかはさておき、ふだん気をつけているのは、「『てにをは』を間違えないこと」「言葉のダブりをできるだけなくすこと」「読んでいる人が混乱せず、すんなりと読めるような文章と構成にすること」くらいです。

なお、構成については、「何を訴えたい文章なのか」を読んでいる人に明確に伝えるため、基本的には「結論とその理由（根拠）を、できるだけ冒頭にもってくる」ようにしています。

私自身、ダラダラした、何を言いたいのかわかりにくい文章を読むと、イライラしてしまい、途中でやめたくなってしまうので、その点は特に心がけています。

ですから、「文章力を上げる」方法として、まず挙げられるのは、「自分が書いたものが、他人にとって読みやすいか、わかりやすいかを常に考える」ことだといえるかもしれません。

好きな作家の短編小説を、全文書き写してみよう

一方、文章や文体については、「自分の感覚」に基づき、「この文章のほうがおさまりがいい」「この文章のほうがリズムがいい」といったことを判断しています。

では、そうした「自分の感覚」は、どのようにして育っていったのか。

私自身は、子どもの頃の読書体験のおかげだと思っています。

私は、生まれつき、口唇口蓋裂という疾患を抱えており、口蓋（上あご）に穴が開いていました。

穴自体はすぐに手術でふさがったものの、舌をうまく使うことができず、発音に問題があったため、医師のすすめにより、両親がよく本を読み聞かせてくれました。

おそらく、そのためでしょう。

私は無類の読書好きになり、特に学生時代までは、非常によく本を読んでいました。

社会に出てからは、仕事関連以外の本を読むことが少なくなってしまいましたが、幼少期の「貯金」が、現在のライターとしての私の力になってくれているのではないかと思います。

ただ、「文章力を上げるためには、できるだけたくさん本を読みましょう」というだけでは、あまりにも当たり前すぎて芸がありませんから、ここで一つ、ある編集者から教わり、私も実践している、「文章力を上げるための必殺技」をお伝えしたいともいます。

それは、自分が「読みやすい」と思う作家や「文章力がある」と言われている作家の短編小説を「書き写す」ことです。

文庫本で20~30ページ程度の長さの作品の全文をノートに書き写すのです。

毎日少しずつ書き写しても、一篇あたり、2、3か月くらいかかってしまうかもしれませんが、確実に文章に対する感覚が磨かれ、語彙も増えます。

この本では折に触れて「言語化すること」「書くこと」の大切さをお伝えしています。

「メモ」とは少し異なりますが、作家の文章を書き写すのも、ある意味、その作家の世界を「自分のもの」にしてしまう行為だといえるかもしれません。

メモで未来を変える

コミュニケーション
自己肯定感
希望

「今、自分がやりたいこと」を発見しよう

「やりたいことがないこと」に苦しんでいる人もいる

第4章の最後に、「夢はどんどん言葉にしよう」と書きましたが、もしかしたらみなさんの中には、

「昔から、自分には特にやりたいと思えることがない」

「『夢がない』と言うと、つまらない人間のように思われてしまうのではないか」

といった思いを抱えている人も、いらっしゃるかもしれませんね。

あるいは、

「やりたいことはあったけれど、結局叶わず、生きがいをなくしてしまった」

「やりたいことを仕事にしたつもりなのに、それが、自分が本当にやりたいことではないと気づいてしまった」

という人もいるでしょう。

私たちは子どもの頃から、しばしば「将来の夢は何？」と質問されます。

そのため、心のどこかに「夢ややりたいことがあること＝良いこと」という価値観が刻み込まれています。

一方で、私たちは、知らず知らずのうちに、「いい学校に入り、いい会社に入ることや、お金を稼ぎ、豊かな生活を送ることが幸せである」という、社会からのメッセージも受け取っています。

そのため、「自分にとっての本当の幸せは何か」「自分が本当に求めていることは何か」に気づかないまま、年齢を重ねてしまう人も少なくありません。

やりたいことを探すより、今、自分がやりたいことを発見しよう

私は、「将来の夢がない」という人は、無理に夢ややりたいことを探すより、まずは、「今、自分がやりたいことを発見すること」のほうが大切だと思っています。将来の夢がなくても、「今、やりたいこと」なら、あるかもしれないからです。

そして、**大きな夢や人生を通してやりたいことは、案外、「今、やりたいこと」を紡いでいった先に自然とあらわれたり、叶ったりするものです。**

たとえば、私の知り合いの編集者は、子どもの頃から「編集者になろう」と明確に

思っていたわけではなく、大学卒業後はまったく違う仕事をしていました。

彼は、とにかく本が好きで、「一冊でも多く、面白い本が読みたい」という思いしかなかったそうなのですが、だんだん「面白い」と思える本が少なくなってきたため、「よし、それなら自分でつくろう」と、転職を決意したのです。

ですから、「将来、こういうことがやりたい」という、はっきりした思いがある人はいいのですが、そうでない場合は、「不確かな未来で、自分がどうなっていたいか」を漠然と考えるより、「今、自分が何をやりたいか」を探すほうが大事なのではないかと、私は思うのです。

「今、自分がしたいこと」も、探さなければ見つからない

しかし、「今、自分が何をやりたいか」も、その気になって探さなければ、なかなか見つかりにくいものです。

以前、私たちが編集した『NOを言える人になる　他人のルールに縛られず自分のルールで生きる方法』（アスコム）の著者、鈴木裕介先生から、次のようなお話を伺いました。

常に親や夫、子どもが食べたいものを優先させてきた専業主婦の方に、「あなたは今日、何が食べたいですか？」と尋ねると、「何が食べたいか、自分でもわからない」という答えが返ってくることが多いそうです。

「今日、何が食べたいか」というのは、非常にシンプルな問いかけです。

ところが、ふだんから「今、自分が何をしたいのか」「今、自分が何を望んでいるのか」を考えていなければ、一見カンタンな、こうした問いかけにも、案外答えられなかったりするのです。

なお、鈴木先生は心身のバランスを崩してしまった患者さんに対し、

「自分の身体的ニーズを書きだすこと」

を治療の一環にしているとおっしゃっていました。

また、**「思考を外在化すると、自己肯定感を損なわずに、自分を知ることができる」**とも教えてくださいました。

「思考を外在化する」というのは、要するに、「文字にして書きだす」ということです。

そして、自己肯定感とは、「何はなくとも、自分は自分であって大丈夫」という感覚のことです。

この感覚はとても大事で、自己肯定感が持てないと、私たちは心のバランスを崩し、「今、自分がやりたいこと」も見えなくなってしまいます。

前置きが長くなりましたが、第5章では、自己肯定感を持ちながら、今、自分がやりたいことを見つけ、自分らしく生きていくためのメモ術をいくつかご紹介したいと思っています。

自分のニーズを見つけ出す方法

それではまず、「今、自分が何をやりたいのか」という問いに、メモを使って答えることで、自分自身の気持ちを知っていきましょう。

鈴木先生が言うところの、「自分のニーズ」を明らかにするのです。

やり方はとても簡単です。

ロジカルメモの「ふつうのメモゾーン」に自分のやりたいことを書き出し、その中から自分がやりたいと強く思えるものを、自分の言葉で「文章化ゾーン」に書きましょう。

ここで、大事なポイントが一つあります。

「今、自分がやりたいこと」を言葉にしたら、次に、「なぜ自分はそれをやりたいのか」「それをやることが、自分にとってどんな価値があるのか」という問いかけをしてみてください。

その問いに、きちんと自分の言葉で答えることで、あなたのやりたいことが、あなたにとってどれだけ素晴らしい価値のあることであるかが、明確になるはずです。

もちろん、この方法は、「やりたいことがない」という人だけでなく、「夢がある」「やりたいことがある」という人にもおすすめです。

あらためて言葉にすることで、より達成に向けての思いが強くなるでしょうし、もしかしたら、「今までやりたいと思っていたことが、実は自分が本当に望んでいたことではなかった」と気づくかもしれません。

しかし、恐れないでください。

それは、**あなたが本当に自分の望む生き方を選ぶチャンスなのです。**

グルーピングで、やりたいことを整理する

逆に、みなさんの中には、「今、自分が何をやりたいのか」という問いに対し、あまりにもたくさんの答えが飛び出し、「何から手をつけたらいいのかわからない」という気持ちになる人もいるかもしれませんね。

そのような場合におすすめなのが、グルーピング法を使って、あなたのやりたいことを整理する方法です。

まず、ふせんに、自分のやりたいことを、もうこれ以上はないというくらい小さなことまで書きだして、ノートや紙に貼ってください。

次に、たとえばノートや紙の左上を「今やりたいことエリア」、右上を「3か月後にやりたいことエリア」、左下を「半年後にやりたいことエリア」、右下を「いつかや

りたいことエリア」に分割し、ふせんを貼り直してグループ化するのです。

そうすることで、今、3か月後、半年後、あるいは将来、自分がどんな未来にたどりつきたいかが、うっすらと見えてくる気がします。

これまでお話ししてきた方法で、「今（もしくは将来）やりたいこと」が整理され、明確になったら、「私はこれがやりたいのだ」と口にし、文字に書きましょう。

また、やりたいことを書いたメモは、ぜひ、お手元で保管してください。

何か月か後、何年か後に見つめ直したとき、自分自身の変化や成長を確認することができるはずです。

自分を動かすために「メモで手続き」をする

夢を叶えるためのマップを作ると、まずやるべきことが明確になる

さて、これまで「夢ややりたいことを言葉にする」ことの大切さについてお話ししてきましたが、今度は、メモを使って、それを具体的に実現する方法をご紹介します。

これも、やり方はカンタンです。

やりたいことや夢が明確になったら、それを実現するために必要なこと、やらなけ

ればならないこと、問題点などを考え、思いつくままにメモに書き出してみるのです。

たとえば、現在、実家に住んでいる人が、「一人暮らしをすることが、今、一番やりたいことだ」と気づいたのであれば、メモの内容は、次のようになるでしょう。

●マンションを探す。
●引っ越し業者を探す。
●今のままでは経済的に不安なので、生活を安定させるために収入を上げる。
●収入アップのために転職する。
●転職しやすくするために、スキルアップをはかる。
●新しいことを学ぶ。
●そのために、まず書店に行き、参考書や問題集を買う。

このように、やりたいことや夢の実現のために必要なことをリストアップすれば、**そのためにやるべきこと、考えるべきことが明確になり、目で確認することができま**

す。

漠然と頭の中で「一人暮らしがしたいなあ」と考えている状態より、二歩も三歩も先へ進むことができるのです。

さらに、これらをグルーピング法で「すぐにやらなければならないこと」「半年後にやらなければならないこと」といった具合に分ければ、「やるべきこと」の優先順位もつけられるでしょう。

先延ばしにせず、今すぐ夢を叶えるための手続きを始めよう

これはどんな仕事であってもどんな夢であっても応用可能で、ゴールから逆算して、どんな手続きをとっていけばたどりつけるのかというマップをつくってしまうのです。

第4章で「ポジティブな空想は、人をリラックスさせる。と同時に人の行動力を奪う可能性がある」という、『図解　モチベーション大百科』の一節をご紹介しました

が、編著者の池田貴将さんは「絶対やるぞ、と誓った夢がなかなか実行に移されないのは、すでにリラックスした気持ちを獲得しているからです。大事なことは、思ったらすぐに動いてしまうこと」と書いています。

夢ややりたいことに向かって、自分を動かすためにメモで手続きをする。

これは、仕事でいうならば、結果を出すためのＴＯＤＯリストをつくるようなものです。

「いつか」「将来」「そのうち」「機が熟したら」などと何となく頭の中で思うだけでなく、夢を叶えるための手続きをすぐに始めましょう。

次にやることが、自分の夢につながっていると思えば、ワクワクして、モチベーションも上がるはずです。

人生のコンパスに。自分だけの標語をつくる

ホラー系ドラァグクイーンを名乗って、人生が変わった

私は四半世紀前から、勝手に「ホラー系ドラァグクイーン」を名乗っています。

「ホラー系ドラァグクイーンとは何ですか」とよく聞かれますが、文字通り、「怖さ」を売りにしたドラァグクイーンです。

そして自分のショーでは、血を吐いたり、生首を飛ばしたりといったネタを、よくやっています。

私が「ホラー系」を自称するようになったのは、ほんの偶然でした。あるとき、黒いロングのウィッグをかぶり、ショーをやったところ、「やたら目もまつ毛も大きくて、顔が怖い」と、お客さんから口々に言われたのです。

最初のうちは、私の中に「キレイなメイクもしたい」「キレイなショー」もしたいという気持ちがあり、ふつうのメイクでふつうのショーをしたこともあったのですが、そういうときのお客さんの評価は、「全然つまらない」と、さんざんでした。

仕方なく私は開き直り、「なら、ホラー系に特化してやるよッ」と、ひたすらホラー売りを始めたのですが、そのおかげで、全国のゲイたちに認知されるようになり、仕事が増えていきました。

人生、何が幸いするかわかりません。

標語をつけると、自分の中に揺るぎない芯が生まれる

なお、私は過去に、雑誌やウェブなどで「お悩み相談コーナー」の連載をしてい

たことがあるのですが、よく目にしたのが「自分はキャラ立ちしていない」「自分はつまらない」、あるいは「人生に迷っている」「自分がどの方向に進んだらいいかわからない」というお悩みでした。

そうしたお悩みに対し、私が思ったのは「もしかしたら、自分のキャラを掘り下げて、自分自身や自分の人生の標語を持てば、気持ちが変わるかもしれないな」ということでした。

もちろん、「ホラー系ドラァグクイーン」のような、特殊なものである必要はありません。

ただ、自分が何を大事にしている人間なのか、たとえば、「家族のために働く編集者です」とか「一生ダンサーです」とか、何でもいいので、「自分を一言で表すと、これです」といった標語を持つと、自分の中に芯のようなものができるように思います。

なお、標語をつくるときは、「真面目なサラリーマン」などでもいいのですが、できれば、より自分らしさを感じさせる表現を探してみましょう。

キャッチコピーをつくったり標語をつくったりするのは難しいという人は、自分の特徴をあらわす言葉と言葉を組み合わせてみるのもいいでしょう。

ホラー系ドラァグクイーンは、単にホラー系とドラァグクイーンという言葉を組み合わせただけですが、たとえば

ダンス×パン屋＝踊れるパン屋

のような、面白い組み合わせができる人もいるはずです。

なんでもかまいませんから、自分にしっくりくる言葉を組み合わせてみてください。

自己肯定感を得るために、メモを活用する

混同されやすい、自己肯定感と自己評価

第5章の冒頭で、自己肯定感についてのお話をしましたが、**自己肯定感と混同されやすいのが、自己評価です。**

これも、鈴木裕介先生からうかがったことですが、自己評価とは、「自分の能力、仕事の成果や努力、容姿などに対し、外部から取り込んだ一定の価値基準（物差し）をもとに、自分自身が下す評価（ジャッジ）」のこと。

たとえば、「私は優れた人間である」「私は美しい」「私には価値がある」というのも、「私は劣った人間である」「私は醜い」「私には価値がない」というのも、自己評価にあたります。

そして、有名大学を卒業し、誰もがうらやむようなキャリアや収入があり、自己評価が高い人が、必ず自己肯定感を得られるとは限りません。

自己評価も、結局は他者や社会の物差しを基準にしており、心の中に、常に「もし優秀じゃなくなったら、美しくなくなったら、自分には価値がなくなってしまう」という不安がつきまとうからです。

たとえ欠点だらけでも、誇れるものがなくても、自分自身をありのまま受け入れ、愛することができる。

それが自己肯定感であり、「他者の物差しやルールに振り回されず、自分の本当の思いを大事にしながら生きていく」うえで、自己肯定感は、なくてはならないものです。

メモを使って、「評価」というものを客観的に眺めてみよう

では、自己肯定感を得るためには、どうしたら良いのでしょう。

鈴木先生によると、人が自分一人の力で自己肯定感を得るのは難しく、「自分を一方的にジャッジせず、自分の欠損や欠点を認めてくれる、信頼できる他者の存在と、安定した関係を築く」という体験を積み重ねることが欠かせないそうです。

ただ、次項以降でご紹介している「ポジティブメモ」や「一行日記」は、もしかしたら「自分は、これで大丈夫」という感覚を得るうえでの助けになるかもしれません。

また、私の知人には、次のようなやり方で、「自分が大切にしたいルール」と「無視してもいい他者のルール」を分けている人もいます。

まず、小さなふせんやメモ帳を用意します。

そこに、「自分が他者から下された評価」を、良いものも悪いものも全部書き出し、「自分が受け入れる、もしくは受け入れても良いと考える他者の評価」と、「自分が受け入れたくない他者の評価」に分け、「受け入れたくないもの」はどんどん捨ててしまうそうです。

これは、あくまでも「自己評価や他者評価を、自分に都合よく処理する方法」の一つでしかないかもしれませんが、**一度、そうした評価を書き出し、客観的に眺めることが、「ああ、評価なんて結局、人によって変わるものなんだな」「良くも悪くも、あまり気にすることがないんだな」と思うきっかけになるかもしれません。**

メモだけで、「評価」というものから完全に距離をとり、自己肯定感を得るのは難しいかもしれませんが、「自分に自信がもてない」「自分を愛せない」という人は、よかったら、こうした方法を試してみてください。

未来を明るくするポジティブメモ

ゲイたちはポジティブシンキング？

新宿二丁目関連のネタが続いて恐縮ですが、ゲイのコミュニティには「オネエ言葉」という、素晴らしい文化があります（最近は、昔ながらのオネエ言葉の使い手が、ずいぶんと減ってしまいましたが）。

そして、洋の東西を問わず、オネエ言葉には、「深刻な悩みや深刻な状態を、明るく笑い飛ばす」という効果があります。

たとえば、彼氏と別れて落ち込んでいる友だちに、「やだ、アンタようやく自由の身になったのね」と言ってみたり、肉付きがよくなった友だちに「健康そうになったわね」と言ってみたり（皮肉も入っていますが）。

最近はずいぶん事情も変わりましたが、かつては、なかなかカミングアウトできなかったり、望まない生き方をせざるをえなかったりするゲイもたくさんいました。一見ネガティブなことを、ポジティブな言葉でとらえるという発想は、そうした中で鍛えられたのかもしれません。

ポジティブメモで、弱みを強みに変える

「言霊」についてはすでにお話ししましたが、ポジティブな言葉はポジティブな気持ちを、ネガティブな言葉はネガティブな気持ちを引き寄せやすいように思います。

ですから、みなさんにもできるだけポジティブな言葉をメモすることをおすすめし

ます。

ポジティブメモにはおトクな効果があります。

それは、自分の弱みを強みに変えることです。

たとえば「仕事が遅い」と悩んでいるのであれば、「仕事が丁寧」と言いかえる。

「○○ができない」は「○○をすればできる」と言いかえる。

「料理が下手」は「料理が上手くなる余地がある」「のびしろがある」と言いかえる。

非常に単純なことですが、自分の弱点、弱みこそ、メモに書き出し、ポジティブメモに書き、「できない」を「できる」へ、弱みを強みへ変えてしまいましょう。

なお、この本の中で何度も紹介している『3000円投資生活』シリーズですが、「投資」という言葉も、「難しそうに聞こえる」という弱点をもったキーワードです。

投資という言葉には、ほかにも「損をしそう」「ハードルが高い」など、ネガティブなイメージがつきまといがちです。

ところが、「3000円」という言葉を加えるだけで、「3000円投資生活」という、ネガティブ要素がないキャッチコピーに生まれ変わりました。

同シリーズが約4年売れ続け、投資関連本では異例の、80万部の大ヒットとなったことからもわかるように、ネガティブな要素をポジティブに変えたり、弱みを強みに変えたり、ネガティブをポジティブに変えたり、といった工夫をすると、大きなビジネスチャンスにつながることが多いのです。

人間関係でもビジネスでも、ネガティブなものを見つけたら、ポジティブメモでポジティブなものに変える。

想像以上の結果は、意外とそういうところに眠っているのです。

一日の終わりに自分を褒める1行日記

一日の終わりに、その日の自分の価値を高めよう

その日が、たとえどんな一日であっても、夜、寝る前に、手帳やメモに、

●●だったからいい日だった
●●を頑張れた一日だった
●●さんと仲良くできた

と、ごく短い言葉で書く。

これが、自分を褒める一行日記です。


まるでこじつけのようですが、その日一日の価値を後付けで高め、「今日という日に意味があった」と決めてしまうのです。

これは、究極のポジティブメモと言えるのかもしれません。


あったことをなかったことにはできませんし、記憶をねつ造しようと言っているわけでもありません。

ただ、嘘のない範囲で、自分をちょっとだけ褒める。

そのくらいのことはしてもいいのではないかと、私は思っています。

どんなつらいことがあっても、自分を褒める一行メモを書けば、心は楽になります。

私は、とても便利なこの方法を、「後付けの魔法」とこっそり読んでいます。

人は人生の最後の瞬間まで、自分を肯定する言葉に支えられる

なお、3500人を看取ってこられたホスピス医の小澤竹俊先生によると、それまで「つまらない人生だった」と言っていた患者さんでも、「家族のために一生懸命働いた」「人の役に立つ仕事ができた」など、最後に自分の人生を肯定することで、穏やかな気持ちで旅立っていかれるそうです。

この世を去るという瞬間であっても、自分の人生の価値を肯定できる言葉は、自分自身を救ってくれるのです。

また小澤先生は、こんな話もしてくださいました。

先生は高校生の頃、横浜市の高校に通い、天文部に入っていました。

横浜は空が明るく、ほとんど星が見えないそうです。

ところがあるとき、合宿で長野県の山奥に行き、これでもかと輝く星空を見て、強

く感動したとおっしゃっていました。

「街が明るければ空に輝く星は見えない。同じように、人生が順風満帆《じゅんぷうまんぱん》で明るいときは、自分にとって本当に大切なものは隠れてしまいます。長野県でよく星が見えるのは、街が暗いからです。困難や苦しみがあるとき、心が重く人生が暗いとき、そのときこそ、自分にとって本当に大切なものが見つかるのです」

私はこの話を聞いたとき、心の底から感動しました。

自分が本当に苦しいときこそ、自分にとって大切なものを見つけられるように、一日一日の意味価値を自分なりに探して大切に過ごす。

その繰り返しの先に自分の人生の意味がみつかるときがくる。

だから、一日の終わりや仕事の終わりには、1行日記をメモに書き残し、常にその価値を確認していこうと心に誓っています。

あとがき

ロジカルメモで情報を整理し、やるべきこと、考えるべきことを絞り、思考のコンパスをつくる方法。

思考のコンパスを元に、アイデアを出したり、仮説をつくったりする方法、メモを使った未来の変え方。

この本では、「メモを活用し、答えのない問いを考える」ためのさまざまな方法について、お伝えしてきました。

「考えろ、といわれても、何をどう考えたらいいかわからない」、あるいは「斬新なアイデアが出てこない」といった悩みが解消されること。

やるべきことが明確になり、ムダな作業が減って時間や気持ちに余裕ができること。

メモを活用して考えることで得られるメリットはたくさんありますが、何よりも大きいのは、やはり「自分の言葉で、外部の情報や自分の考えを言語化することにより、世界を、自分を、自分のものにできること」「さまざまな物事が自分ごとになること」だといえるかもしれません。

「自分を自分のものにするって、どういうこと？」と思われるかもしれませんが、私たちは、自分自身が何を考えているのか、本当は何が好きで何が好きじゃないのか、何をしたくて何をしたくないのか、といったことすら、正確に把握できていないことが、少なくありません。

「○○歳なら、こうふるまうべき」「○○らしい、○○らしくない」「○○を手に入れることが幸せである」といった、教育やメディアなどによって教えられた社会の決めごとや、身のまわりの他人の言葉を、さも自分自身の考え、自分自身の言葉であるかのように思い込んでしまっていることが、しばしばあります。

もちろん、この社会で生きていく以上、社会の決めごとを無視することはできませんし、それに「乗っかってしまった」ほうがラクなこともたくさんあります。

しかし、一方で、そうしたものを自分の中に完全にとりこんでしまうと、人は自分の「本当の」思いを見失い、あるとき、ふと「自分の生き方はこれでいいのか」「自分が望んでいるものはこれなのか」といった考えに襲われることがあります。

特に、自分の思いや考えを言語化し、把握することに慣れていない人は、原因がわからないままに、もやもやとした悩みや不安を抱えながらも、「どうやって解決・解消したらいいかわからない」という状態に陥りがちです。

また、社会の決めごとも他人の気持ちも移ろいやすいものです。

自分の思いや考えを把握していないと、ただただ、そうした「外部の条件」に振り回されることになるでしょう。

人生は、必ずしも自分の思い通りにコントロールできるわけではありません。

家庭環境、社会情勢、他者の思い、運・不運などに左右されることも多く、どこに「自分」という船がたどりつくか、完全に予想することはできません。

ただ、舵をとることはできます。

たとえ嵐や荒波によって思いもよらない方向へ流されたとしても、その結果が望み通りのものでなくても、「自分なりにしっかり考えて舵をとってきた」と思うことができれば、「何もせず、ただ流されるだけだった」と思うよりも、後悔は少ないのではないでしょうか。

どんな小さなことでも、「自分の本当の思い」「自分の考え」を元に、自分で決めることができれば、人は本当の意味で、自分を自分のものにできるようになり、自由に生きられるようになり、人生の満足度、納得度は高くなると私は思います。

そのために、まず必要なのは、自分の思いや考えを客観的に把握することです。

それを実現する手段の一つとして、この本に記したメモ術を活用していただければ、筆者として、望外の喜びです。

２０２０年11月　村本篤信

ロジカルメモ
想像以上の結果をだし、未来を変えるメモの取り方

発行日　2020年12月4日　第1刷

著者　村本篤信

本書プロジェクトチーム
編集統括　柿内尚文
編集担当　栗田亘
デザイン　轡田昭彦＋坪井明子
DTP　廣瀬梨江

営業統括　丸山敏生
営業推進　増尾友裕、藤野茉友、綱脇愛、大原桂子、桐山敦子、矢部愛、寺内未来子

販売促進　池田孝一郎、石井耕平、熊切絵理、菊山清佳、吉村寿美子、矢橋寛子、遠藤真知子、森田真紀、大村かおり、高垣真美、高垣知子
プロモーション　山田美恵、林屋成一郎

編集　小林英史、舘瑞恵、村上芳子、大住兼正、菊地貴広
講演・マネジメント事業　斎藤和佳、志水公美
メディア開発　池田剛、中山景、中村悟志、長野太介、多湖元毅
総務　生越こずえ、名児耶美咲
管理部　八木宏之、早坂裕子、金井昭彦
マネジメント　坂下毅
発行人　高橋克佳

発行所　株式会社アスコム

〒105-0003
東京都港区西新橋2-23-1　3東洋海事ビル
編集部　TEL：03-5425-6627
営業部　TEL：03-5425-6626　FAX：03-5425-6770

印刷・製本　中央精版印刷株式会社

Printed in Japan ISBN 978-4-7762-1109-9